Bedingt erinnerungsbereit

Soldatengedenken in der Bundesrepubik

Herausgegeben von

Manfred Hettling und Jörg Echternkamp

W0171875

Vandenhoeck & Ruprecht

Mit 11 Abbildungen

Bibliografische Information der Deutschen Nationalbibliothek

Die Deutsche Nationalbibliothek verzeichnet diese Publikation in der Deutschen Nationalbibliografie; detaillierte bibliografische Daten sind im Internet über http://dnb.d-nb.de abrufbar.

ISBN 978-3-525-36756-8

Umschlagabbildung:
Trauerfeier für einen bei einem Anschlag in Kabul
getöteten Bundeswehrsoldaten in Köln am 16.11.2005.
© AP/Frank Augstein

Satz: Text & Form, Garbsen
Druck und Bindung: ⊕Hubert & Co, Göttingen

Inhalt

Das Ehrenmal als Teil der
bundesdeutschen Denkmalslandschaft

Militär und Öffentlichkeit

Vorwort

Der Bau des Bundeswehr-Ehrenmals markiert einen bedeutsamen Einschnitt in der Gedenkkultur der Bundesrepublik. Erstmals seit 1945 wird die Erinnerung an den Tod des Soldaten wieder positiv gedeutet. Weil es nun um Soldaten einer demokratisch verfassten Gesellschaftsordnung geht, treten die staatliche Funktion des Militärs und die politische Legitimation militärischer Einsätze durch das Gemeinwesen ins Bewusstsein der Öffentlichkeit. In der Errichtung des Denkmals spiegelt sich deshalb nicht nur der in den 1990er Jahren einsetzende Wandel der Bundeswehr von einer Verteidigungs- zu einer Einsatzarmee wider. Das Denkmal symbolisiert auch einen Bedeutungswandel im politischen Selbstverständnis der Bundesrepublik.

Der Bruch mit dem weit ins 19. Jahrhundert zurückreichenden Militarismus verband sich mit einer Konzentration der bundesdeutschen Gedenkkultur auf die Opfer *von* Krieg und Gewaltherrschaft, wie die Formel seit den 1960er Jahren lautet. Sie ermöglichte sowohl die Würdigung der Opfer nationalsozialistischer Gewalt als auch die antitotalitäre Aufladung der Erinnerungspolitik im Kalten Krieg.

Doch seit deutsche Soldaten auf der Grundlage parlamentarischer Entscheidungen in Auslandseinsätze geschickt werden, steht die Frage unübersehbar im Raum: Wie sollen jene, die dafür die politische Verantwortung tragen, der toten Soldaten gedenken? Wie soll sich die bundesdeutsche Gesellschaft an die Soldaten erinnern, die im Einsatz *für* das politische Gemeinwesen ihr Leben verloren haben? Wie soll schließlich die Bundeswehr selber ihre ums Leben gekommenen Soldaten würdigen und ihr Andenken pflegen?

Der Band nimmt diese aktuellen Probleme zum Ausgangspunkt. Vertreter der Geschichtswissenschaft, Soziologie und Theologie, der Architektur und Kunstgeschichte – darunter Mitarbeiter von Forschungs- und Bildungseinrichtungen der Bundeswehr – diskutieren am Beispiel der Errichtung des Ehrenmals die folgenden fünf Aspekte:

1. Welche Konflikte entstehen aus der Herausforderung, in einer »postheroischen Gesellschaft« neue politische Handlungsfelder mit neuen und ungewohnten Risiken gestalten zu wollen?

2. Welche historischen Traditionen des Gedenkens toter Soldaten wirken in der Bundesrepublik weiter – sei es als gesellschaftlicher Lernprozess, sei es als politische Belastung?

3. Welche religiösen Hilfsangebote gibt es für die Verarbeitungsprozesse und Deutungsleistungen?

4. Wie fügt sich das geplante Ehrenmal in die deutsche Denkmalslandschaft ein? Welche Formensprache greift es auf, welche Deutungsassoziationen löst es aus?

5. Weshalb ist in der bundesdeutschen Öffentlichkeit trotz der deutlichen Verschiebung des Verhältnisses von Militär und Gesellschaft über dieses zentrale Element von Staatlichkeit bislang nicht intensiv diskutiert worden?

**

Wir danken der Fritz-Thyssen-Stiftung (Frank Suder) für die großzügige und unbürokratische Finanzierung einer internationalen Tagung im Oktober 2007, die Grundlage dieses Bandes war; dem Wissenschaftszentrum Berlin, insbesondere Jürgen Kocka, für die Bereitschaft, Gastgeber dieser Tagung zu sein, und für die ebenso professionelle wie freundliche Betreuung; dem Verlag Vandenhoeck & Ruprecht, namentlich Martin Rethmeier, für das Interesse, den Band zu verlegen; sowie Franziska Müller und Daniel Sander für die Textbearbeitung. Unser Dank gilt nicht zuletzt den Autorinnen und Autoren für die gute Zusammenarbeit.

Halle/Saale und Potsdam im Mai 2008

Manfred Hettling/Jörg Echternkamp

Politische Konstellationen

Manfred Hettling

Militärisches Totengedenken in der Berliner Republik

Opfersemantik und politischer Auftrag

Als Reaktion auf die Diskrepanz zwischen der neuen Realität militärischer Aufgaben und dem Defizit an Symbolisierungen kündigte der Verteidigungsminister der Bundesrepublik Franz Josef Jung 2006 an, ein Ehrenmal für Bundeswehrsoldaten zu errichten, die »in Ausübung ihres Dienstes« ums Leben gekommen sind. Seit Gründung der Bundeswehr haben etwa 2600 Soldaten ihr Leben verloren, in den Auslandseinsätzen seit 1993 waren es bis heute knapp 70 Soldaten. Eine – vom Verteidigungsministerium bestimmte – Findungskommission warb daraufhin 2007 bei ausgewählten Künstlern Entwürfe ein; Andreas Meck ging als Sieger aus diesem Wettbewerb hervor. Im Herbst 2008 soll das Denkmal in Berlin im Bendlerblock, auf dem Gelände des zweiten Dienstsitzes des Verteidigungsministeriums, eingeweiht und der Öffentlichkeit zugänglich gemacht werden.

Den Zweck dieses Denkmals beschreibt der Minister folgendermaßen: »Gemeinsames Trauern und Gedenken« sollen den Angehörigen und »Kameraden« helfen, den Verlust zu verarbeiten. Darüber hinaus werde das Denkmal »persönliche Pflichterfüllung« und »treue(s) Dienen« würdigen. Es werde, so Jung, kein Sonderstatus für Soldaten beansprucht. Indem aber Qualitäten wie Dienst und Pflichterfüllung gewürdigt werden, wird der Soldat hier nicht als »Staatsbürger in Uniform« dargestellt, sondern als militärischer Funktionsträger, dessen Tätigkeit mit einem besonderen persönlichen Einsatz verbunden sein kann.[1]

Zwei Aspekte bleiben in den verschiedenen Begründungen von Minister Jung sowie in den Stellungnahmen des Verteidigungsministeriums ausgespart: Einerseits der spezifisch *politische* Auftrag des Soldaten und damit die Frage nach der politischen Legitimation kriegerischer Mittel. Andrerseits hat Jung es bisher vermieden, vom Opfer der Soldaten *für* die Bundesrepublik zu sprechen.[2]

Wenn an soldatischen Tod erinnert wird oder Soldaten für »aufopferungsvolles« Handeln geehrt werden, treten gemeinhin Bilder von Verwundung und Sterben, von Töten und Tod vor das innere Auge. Diesen Situationen standzuhalten, sich in ihnen zu bewähren, stellt einen Kern soldatischen Handelns im Krieg dar. Traditionell sind militärische Ehrungen deshalb besonders auf diese Dimension konzentriert. Als die Bundeswehr 2002 mit einer Verdienstmedaille »aufopferungsvolles« Handeln auszeichnete, griff sie eine alte Formel aus dem Arsenal des Soldatischen wieder auf – die in Deutschland seit langem nicht mehr verwendet worden war. Doch hier ging es nicht um Leben und Tod. Alle Soldaten, die während des Elbehochwassers 2002 Sandsäcke gefüllt und getragen und Deiche stabilisiert hatten, bekamen diese Auszeichnung verliehen, ebenso Angehörige des Technischen Hilfswerks und des Bundesgrenzschutzes. Im entsprechenden Erlass hieß es, mit dieser Ehrung könne »großzügig« verfahren werden – wer mindestens einen Tag lang gegen die Elbeflut im Einsatz gewesen war, wurde bedacht.[3] Orden für innere Einsätze dieser Art, für Einsätze in ziviler Funktion, sind in der Bundeswehr seit langem gebräuchlich, sie wurden erstmals nach der Hamburger Flutkatastrophe 1962 verliehen. Neu war 2002 jedoch das Anknüpfen an die traditionelle militärische Semantik des Opfers.

Im regulären Dienst der Bundeswehr konnte und kann man das Ehrenzeichen der Bundeswehr erwerben, das für »treue Pflichterfüllung« verliehen wird. Seit 1996 werden mit der »Einsatzmedaille der Bundeswehr« erstmals explizit Einsätze *außerhalb* des deutschen Hoheitsgebietes ausgezeichnet, die im Rahmen von »humanitären, friedenserhaltenden oder friedensschaffenden Maßnahmen« erfolgen. Der Verteidigungsminister bestimmt diejenigen Einsätze, die auszeichnungswürdig sind; je nach Dauer der Stationierung wird die Medaille in Bronze, Silber oder Gold verliehen.[4] Geehrt wird damit nicht ein besonderes individuelles Handeln, das sich von dem anderer Soldaten im Einsatz unterscheidet, sondern die Teilnahme selbst.

Im Frühjahr 2008 wurden Überlegungen publik, die in der deutschen Tradition bekannteste Auszeichnung für militärische Tapferkeit, das »Eiserne Kreuz«, neu zu beleben. Der preußische König

Friedrich Wilhelm IV. stiftete es im März 1813 als Auszeichnung nicht nur für Offiziere und Adlige, sondern auch für einfache Soldaten und für Zivilisten. Obwohl Unterschiede fortbestanden, da einzelnen Klassen und Hervorhebungen bestimmten Dienstgraden vorbehalten blieben, wurde das Eiserne Kreuz sehr schnell als ein Zeichen staatsbürgerlicher Gleichheit angesehen und als solches durch den Sieg über Napoleon besonders populär. In allen späteren Kriegen – 1870, 1914, 1939 – wurde es erneut als Auszeichnung gestiftet, im Zweiten Weltkrieg mit einem Hakenkreuz versehen. Die historische Tradition von Nationsbildung einerseits und ständische Unterschiede überwindender staatsbürgerlicher Partizipation andererseits sind daher in Deutschland im Symbol des »Eisernen Kreuzes« seit 1945 vermengt mit den nationalsozialistischen Verbrechen und der kriegerischen Aggressionspolitik des »Dritten Reiches«.[5]

Dass der Begriff des »Opfers« immer noch eine besondere Ausstrahlungskraft besitzt, zeigt der Versuch, die Einsätze im Rahmen der Fluthilfe mit diesem Begriff zu würdigen. Hier wird – mit großer gesellschaftlicher Akzeptanz – der Einsatz für andere honoriert. Die aktive Form des Opfers *für* das Gemeinwohl hat also, kann man daraus schließen, nichts von ihrer besonderen Aura verloren. Auch wenn die öffentliche Erinnerung an den Zweiten Weltkrieg inzwischen ganz unter dem Banner der »Opfer *von* Krieg und Gewaltherrschaft« steht,[6] existiert in der Bundesrepublik doch ein Sensorium für die andere Dimension des Opfers, vielleicht sogar ein Bedürfnis danach, diese zu betonen.

Die unsicheren Bemühungen, die Ordenslandschaft der Bundeswehr an neue Anforderungen anzupassen, belegen, dass die Bundesrepublik – Öffentlichkeit wie Politik gleichermaßen –, trotz jahrelanger militärischer Einsätze im Ausland und in gefährlichen Regionen noch kein gesichertes Verhältnis zu den veränderten Anforderungen an ihr Militär gefunden hat.[7] In dem Maße, wie die Zahl dieser Auslandseinsätze steigt, wie die Gefahren für die beteiligten Soldaten zunehmen, wie auch die Schwelle zur Gewaltanwendung durch die Bundeswehr selbst sinkt, stellt sich die Frage, wie der Einsatz der Soldaten und wie insbesondere ihr Sterben in der bundesdeutschen Gesellschaft gewürdigt und erinnert werden kann. Sollte es als »Opfer« gedeutet werden? Welcher Art wäre dieses Opfer? Und wofür wäre es gebracht worden?

Politische Legitimationsfragen

Man kann das neue Denkmal als Abkehr von der bundesdeutschen Errungenschaft deuten, sich vom traditionellen militärischen Gefallenenkult zu distanzieren, der sich seit der Epochenschwelle zur Moderne in den entstehenden Nationalstaaten ausgebildet hatte.[8] Diese Distanzierung von einer gemeineuropäischen Tradition des Gefallenengedenkens hat sich in der Bundesrepublik seit 1945 in langwierigen und konfliktreichen Auseinandersetzungen gegen die preußisch-deutsche Tradition des Militärischen und eine besondere Überhöhung des Militärs und des soldatischen Opferkultes durchgesetzt.[9] Man kann die neue Form des Soldatengedenkens, die in der Bundesrepublik gegenwärtig entsteht, allerdings auch umgekehrt als notwendige Normalisierung deuten, die in dem Maße überfällig ist, wie deutsche Soldaten seit etwa fünfzehn Jahren im Rahmen internationaler Bündnisse und Verträge in Auslandseinsätze geschickt werden und neuartigen Risiken ausgesetzt sind.

In der Bundesrepublik findet bisher weder eine politische Debatte über eine derart wichtige Frage staatspolitischer Symbolik und Legitimation statt – das Parlament war an den Entscheidungen über das Denkmal nur in zweiter Linie beteiligt –, noch wird in der Öffentlichkeit über das geplante Denkmal und den sich darin manifestierenden Wandel des Selbstverständnisses von Armee und Gesellschaft intensiv diskutiert.[10]

Unstrittig ist, dass die Bundesrepublik derzeit über keine adäquaten politischen Symbolisierungen für die im Dienst ums Leben kommenden Soldaten verfügt. Der »Volksbund deutscher Kriegsgräberfürsorge« ist – als privater Verein, aber mit Unterstützung des Verteidigungsministeriums – nur für die deutschen *Wehrmachts*soldaten zuständig. Zwar dient die Neue Wache, an die Weimarer Tradition anknüpfend, seit ihrer Neugestaltung 1993 als bundesdeutsche Gedenkstätte. Sie ist jedoch durch die Erinnerungspolitik der DDR und durch die Art der Neugestaltung auf die Erinnerung an die Opfer *von* Krieg konzentriert. An die gefallenen Soldaten erinnert die Neue Wache nur beiläufig. Ihre Gedenkformel (»den Opfern von Krieg und Gewaltherrschaft«) spiegelt diesen Zuschnitt deutlich wider. Er findet sich auch in der militärischen Dienstvorschrift, die die Praxis der Trauerfeiern regelt. Militärische Ehren können bei Bestattungen, am Volkstrauertag oder an Gedenktagen erwiesen werden »als Ausdruck des Mitgefühls und der Ehrfurcht vor dem Tode« und »im Gedenken an die Opfer von Krieg und Gewaltherrschaft«. Aktives militärisches Handeln ist darin nicht eingeschlossen. Deutlich wird das in der Bestimmung der Personengruppen, denen militärische Ehren erwiesen werden können: den im und außer Dienst verstorbenen bzw. verunglückten Soldaten und jenen Zivilisten, die durch im Dienst befindliche Soldaten ums Leben gekommen sind. In Einsätzen durch Gewaltanwendung getötete Soldaten kennt die Zentrale Dienstvorschrift der Bundeswehr ZDv 10/8 – bisher – nicht.[11]

Für die Bundesrepublik ergibt sich daraus ein doppeltes Problem: Sowohl Angehörige als auch militärische Verbände greifen auf etablierte Trauer- und Erinnerungsformen zurück, mit denen die Darstellung und Thematisierung des *gewaltsamen* Todes aber kaum möglich ist.[12] Langfristig dürfte zu bezweifeln sein, ob eine militärische Institution wie die Bundeswehr auf derartige Rituale verzichten kann. Aus Gründen der inneren Akzeptanz und der geforderten Mobilisierung der Soldaten für gefährliche Einsätze wird die Bundeswehr zu einer Modifikation der bisherigen Praxis gezwungen sein. Zweitens – und politisch weit gewichtiger – fehlt der Bundesrepublik die Möglichkeit, kriegerischen Tod staatspolitisch zu symbolisieren und damit zu legitimieren. Spätestens wenn explizit Kampfeinsätze parlamentarisch diskutiert und beschlossen werden, wird diese Leerstelle zu einem eminenten politischen Problem werden. Denn wer Soldaten zu *aktivem* kriegerischem Handeln entsendet, kann die Gefallenen kaum als »*Opfer* von Krieg und Gewaltherrschaft« in Erinnerung behalten.

Nicht zuletzt aus diesem Grund erfordert der Einsatz des Militärs im Ausland eine fundamentale Veränderung des bundesdeutschen Selbstverständnisses. Denn seit ihrer Gründung 1955 war die Bundeswehr strikt auf die Landesverteidigung ausgerichtet. Das Militär wurde mit einer rein defensiven Begründung politisch legitimiert und mit dieser Beschränkung in der Konstellation des Kalten Krieges von der westdeutschen Öffentlichkeit akzeptiert. Das Risiko der globalen Selbstzerstörung im Atomkrieg erhöhte mittelfristig in der Bundesrepublik paradoxerweise die Bereitschaft, eine neue Armee aufzubauen und die Wehrpflicht wieder einzuführen, da ein militärischer Einsatz als reale Kriegshandlung jenseits der Vorstellung lag.

Nach den deutschen Erfahrungen im Ersten und Zweiten Weltkrieg war diese Beschränkung eine Bedingung sowohl für die Ak-

zeptanz des Militärs in der westdeutschen Gesellschaft als auch für
die Integration der Bundesrepublik in die europäische und westliche Staatengemeinschaft. Diese Konstellation hat sich in den letzten Jahren grundlegend gewandelt – was nicht zuletzt daran sichtbar wird, dass inzwischen eine Beteiligung der Bundeswehr an
Kampfeinsätzen in Afghanistan vom westlichen Ausland immer lauter verlangt wird. Wenn der Verteidigungsminister fordert, das Leitbild des »Kämpfers« wieder in das Selbstverständnis der Bundeswehr zu integrieren,[13] indiziert das auch den Wandel, den die Armee
gegenwärtig erfährt – und den die bundesdeutsche Öffentlichkeit
bisher kaum in hinreichendem Maße wahrgenommen hat. Die deutsche Gesellschaft sieht ihre Soldaten lieber als »Sozialarbeiter in
Uniform«,[14] sei es im Einsatz gegen die Folgen von Naturkatastro-
phen im Inland oder im Aufbau von Infrastruktur wie Straßen und
Schulen in Afghanistan oder anderen Einsatzregionen. Die politischen Entscheidungsträger haben dieses Bild lange gefördert, indem sie etwa den militärischen Einsatz im Ausland wiederholt und
nachdrücklich mit der Unterstützung und Ermöglichung derartiger ziviler Aufbauprojekte begründet haben. Ob sich inzwischen
ein schleichender Wandel der öffentlichen Wahrnehmung und politischen Legitimierung vollzieht, ist offen. Was in der Presse
einerseits plakativ als neuartige Herausforderung formuliert wird –
»die Deutschen müssen das Töten lernen«[15] –, findet in der Diskussion und den Beschlüssen des Parlaments ebenso wie in der regie-
rungsoffiziellen Begründung der sich verlängernden Afghanistan-
einsätze keine adäquate Darstellung. Sobald es um Einsätze geht,
die eine aktive Gewaltanwendung durch die Bundeswehr selber ins
Kalkül einschließen und damit zu Kampfeinsätzen werden können,
werden die politischen Begründungen unpräzise. Das als »Feigheit
vor dem Bürger« zu titulieren, ist polemisch, doch nicht unbedingt
falsch.[16] Es hat sich, wie es scheint, eine schweigende Mehrheit aus
Bevölkerung und politischen Parteien gefunden, die einer Diskussion in *politischen* Kategorien über außenpolitische Konstellationen, über staatliche Interessen und über militärische Möglichkeiten – wie auch deren Grenzen und Risiken – ausweicht. Statt dessen
dominiert in der deutschen Öffentlichkeit nach wie vor eine moralisch gefärbte Diskussion über Krieg, die sich auch durch den Ver-
weis auf die besondere deutsche Vergangenheit legitimiert. Das wäre
indes nur dann konsequent und stimmig, wenn man zusätzlich offen legte, dass dieser Bezug auf die deutsche Vergangenheit auch

seinen außenpolitischen Preis hat. Denn er separiert die Bundesrepublik in dem Maße tendenziell von einem gemeinsamen Handeln der demokratischen westlichen Staaten, in welchem die Nachbarn und Partner der Bundesrepublik diese historische Handlungsbeschränkung immer weniger respektieren. Die politischen und mittelfristig auch ökonomischen Kosten dieser Isolierung kann eine verantwortungsvolle Politik nicht ausblenden. Verstärkt wird dieses Auseinanderklaffen von politischen und moralischen Ansprüchen zudem durch den seit einigen Jahren erhobenen Wunsch, mit einem ständigen Sitz im UN-Sicherheitsrat eine internationale Führungsrolle einnehmen zu wollen. Wer aber politisch gestalten will, muss auch politisch handeln können. Diese prinzipielle Diskrepanz ist bisher nur ansatzweise ins öffentliche Bewusstsein gedrungen. Man kann die westliche Gesellschaft mit plausiblen Gründen als postheroisch bezeichnen (Herfried Münkler).[17] Die deutsche Konstellation unterscheidet sich jedoch von der in anderen demokratischen Partnerstaaten: Erstens hat die politische Distanzierung von der nationalistischen und nationalsozialistischen Vergangenheit dazu geführt, dass militärisches Handeln in der Bundesrepublik grundsätzlich unter moralischen Vorbehalt gestellt wird. Diese Tendenz ist in Deutschland ohne Zweifel stärker ausgeprägt als in vielen anderen Mitgliedsstaaten der NATO oder der EU. Zweitens haben die demokratischen Partnerstaaten der Bundesrepublik seit 1945 – in sehr unterschiedlichem Ausmaß – Erfahrungen mit militärischen Einsätzen im Ausland gemacht. Dekolonisierungskriege, militärische Interventionen (vom Suezkanal über die Falkland-Inseln bis Somalia), aber auch umfangreiche Beteiligungen im Rahmen von UN-Einsätzen führten dazu, dass in diesen Ländern andere politische und gesellschaftliche Vorstellungen des Soldatengedenkens bestehen. Wenn die Berliner Republik ihre vor allem historisch begründete Zurückhaltung gegenüber Militäreinsätzen aufgibt, kann die moralische Selbstlegitimierung, in dieser Hinsicht anders zu sein, nicht unverändert Bestand haben.

Das Ehrenmal – implizite und explizite Deutungsangebote

Das Bundeswehr-Ehrenmal muss deshalb nicht nur symbolische Probleme lösen, sondern sich vor allem politischen Fragen stellen. Der »Gefallenen« – um den historisch gewachsenen Begriff einmal zu gebrauchen – im staatlichen Rahmen zu gedenken, ist primär eine politische Herausforderung. Ihr Tod unterscheidet sich kategorial vom zivilen Sterben. Der gewaltsame Tod – im Krieg, im Bürgerkrieg, im revolutionären Aufstand, im Rahmen einer UN-Friedensmission – ist die direkte Folge menschlichen Wollens. Kausal gesehen ist es der andere, ob als Feind tituliert oder nicht, der tötet und damit für das Sterben verantwortlich ist. Doch eine notwendige Bedingung hierfür ist die *eigene* Entscheidung, der gewaltsamen Situation nicht auszuweichen, sondern »in den Krieg zu ziehen«, wie es früher genannt wurde. Die Formulierung ist nicht nur verharmlosend, was man heute leicht kritisieren mag, sondern auch präzise, weil sie das aktive Moment klar artikuliert. Indem nicht der einzelne über Krieg und Frieden entscheidet, sondern das Gemeinwesen, wird der Tod des Soldaten zur politischen Angelegenheit. Die damit getroffene Verfügung über das Leben eines einzelnen erzwingt deshalb politische Antworten: Welchen Sinn hat dieser Tod *für* das Gemeinwesen? Wie ist er zu rechtfertigen? Wie kann das Gemeinwesen diese Toten erinnern?

Unabhängig davon, ob es Demokratien oder Diktaturen, Republiken oder Monarchien, Weltmächte oder Kleinstaaten sind, die ihrer Gefallenen gedenken – der Forderung, die Funktion, ja: Den Sinn dieses Sterbens zu benennen, kann kein Gemeinwesen entgehen. Darin liegt eine Gemeinsamkeit des Soldatengedenkens über nationale Grenzen hinweg.

Der »politische Totenkult« (Koselleck) zielt auf die *politische* Funktion derartiger Symbolisierungen. Totenkult beschränkt sich nicht auf Denkmäler, doch zentrieren sich viele Fragen um sie. Ihre Planung ist zeitaufwendig, sie setzen auf Dauerhaftigkeit, sie sind in der Regel Ergebnisse kollektiver Aushandlungsprozesse. Um Denkmäler zu untersuchen, ist es methodisch geboten, drei Ebenen systematisch zu unterscheiden: die Absicht der Stifter, die ästhetische Sprache des Denkmals selbst sowie die Gedenkhandlungen, die auf das Denkmal bezogen sind. Die drei Ebenen – Stifterintention, visuelle Eigenbotschaft und Praxis – sind weder zeitlich noch inhaltlich deckungsgleich. Zwei Übergänge erweisen sich als besonders anfällig für Bedeutungsverschiebungen: einerseits die Einweihung, durch die das Denkmal öffentlich zugänglich und seine Deutung öffentlich verhandelbar wird, andererseits der Generationenwechsel, wenn die Erlebnisgemeinschaft (der Erinnerten oder der Stifter – diese müssen nicht identisch sein) stirbt und sich die Frage stellt, ob die Nachgeborenen deren Deutungen übernehmen. Dieser Wandel mag nicht immer so eklatant sein wie beim Arc de Triomphe in Paris, der inzwischen nicht nur Erinnerungsstätte des unbekannten Soldaten ist, sondern mindestens ebenso sehr touristisches Ausflugziel. Aber auch das Vietnam Memorial in Washington D.C., das zur privaten Trauerstätte wurde, hat einen signifikanten Bedeutungswandel erfahren. Ebenso die Neue Wache in Berlin, die *im Sinne Helmut Kohls* integrierend als Gedenkstätte der »Toten« des Krieges verstanden werden soll, die jedoch *im Sinne Richard von Weizsäckers* auch so verstanden werden kann, dass man die Toten differenziert und die grundsätzliche Verschiedenheit der Opfer von Krieg und Gewaltherrschaft berücksichtigt. Mit anderen Worten: Jedes Denkmal gibt zwar eine Antwort – diese aber kann immer wieder neu interpretiert werden. Die Dauerhaftigkeit des Materials reicht nicht aus, bestimmte Deutungen festzuschreiben.

Offen muss deshalb bleiben, wie tragfähig die Antworten sein werden, die das Ehrenmal des Verteidigungsministers anbietet. Ästhetisch geht es einen anderen Weg als die Mehrzahl neuerer Denkmäler.[18] Denn es betont in mehreren Elementen eine besondere Tradition des Militärischen. Das beginnt z.B. bei der Bezeichnung als »Bundeswehr-Ehrenmal«. Der Begriff Ehre gehört in der deutschen Tradition zum Kern militärischer Absonderung von der bürgerlichen Gesellschaft, der Begriff Ehrenmal wurde seit dem späten 19. Jahrhundert deshalb zur oft gewählten Bezeichnung für Kriegerdenkmäler, die das Militärische gegenüber dem Zivilen überhöhten. Auch der Standort – in der Nähe des Dienstherrn, nicht des politischen Souveräns – bringt zum Ausdruck, dass hier das *Wie* des Einsatzes, d.h. die funktionale Pflichterfüllung, im Mittelpunkt steht, nicht das *Wofür*, nicht der politische Wertbezug.[19] Zugleich sondert das Ehrenmal das Militär von der Staatsbürgergesellschaft ab, indem die verschiebbare Wand immer entweder den Binnenbereich des Verteidigungsministeriums von der Öffentlichkeit und der zivilen Gesellschaft trennt oder umgekehrt. Der einzelne kann den

Innenraum des Ehrenmals daher nur als Zivilperson – oder als Funktionsträger in Uniform betreten. Eine Begegnung zwischen beiden, die auch der staatsbürgerlichen Rolle des Bürgers in Uniform entspräche, ist nicht vorgesehen.

An einem zentralen Punkt jedoch greift das Denkmal über das Militärische hinaus. Die Inschrift – »Den Toten unserer Bundeswehr, für Frieden, Recht und Freiheit« – unterstellt ein Subjekt, das »seiner« Toten gedenkt. Die Bundes*wehr* kann damit kaum gemeint sein. Es ist die Bundes*republik*. Auf diese Weise erhebt die Inschrift das militärische Ehrenmal zum staatlichen Denkmal. Eine besondere Symbolisierung des demokratischen Gehalts des Souveräns ist damit allerdings nicht verbunden, was das Fehlen der staatspolitischen Sinndeutung besonders schwer wiegen lässt.[20]

Das Ehrenmal erweist sich damit als Monument, das sich explizit auf die Tradition der *militärischen* Denkmäler bezieht. Der gewählte Standort, der Name, die intendierten Nutzungsmöglichkeiten weisen eindeutig in diese Richtung. Ob jedoch die Bürgergesellschaft diese Interpretation und damit auch dieses Denkmal akzeptieren und es als *politisches* Denkmal der Republik annehmen wird – das wird sich erst noch erweisen. Die deutsche Vergangenheit kennt jedenfalls mehr Beispiele von gescheiterten als von erfolgreichen Denkmalsstiftungen. Versuche, partikulare Deutungen zu verallgemeinern, waren schon immer besonders anfällig dafür, konkurrierende Denkmalsprojekte auf den Weg zu bringen.

Anmerkungen

1 Franz Josef Jung, Ehrenmal. Wir sind es unseren toten Soldaten schuldig, in: Loyal. Magazin für Sicherheitspolitik (2006), H. 9, S. 5 (daraus alle Zitate); Ders., Ein Ehrenmal für unsere getöteten Soldaten, in: ZEIT 29.6.2006, S. 5.

2 Diese Formulierung, und damit der eindeutige Bezug von soldatischem Tod und politischer Entscheidung, wird bis heute strikt gemieden; vgl. den Beitrag von Wolfgang Schmidt in diesem Band.

3 Achter Erlass über die Genehmigung der Stiftung und Verleihung von Orden und Ehrenzeichen, 22.9.2002, in: Ministerialblatt des Bundesministeriums der Verteidigung, 7.10.2002, S. 435f.

4 Verfahrensweise zur Verleihung der Einsatzmedaille der Bundeswehr, in: ebd. 2004, S. 2–4. Ein »Ehrenzeichen der Bundeswehr« kann seit 1980 verliehen werden – bezeichnend ist indes, dass es bereits seit 1975 ein »Ehrenzeichen des Technischen Hilfswerks« gibt; fünfter bzw. sechster Erlass über die Genehmigung der Stiftung und Verleihung von Orden und Ehrenzeichen, 2.9.1975 bzw. 29.10.1980.

5 Werner Otto Hütte, Die Geschichte des Eisernen Kreuzes und seine Bedeutung für das preußische und deutsche Auszeichnungswesen von 1813 bis zur Gegenwart, Diss. Bonn 1968.

6 Die Anfänge der Formel sind in den sechziger Jahren zu finden. Der Umschlag wird prägnant sichtbar etwa in der Veränderung im »Kriegsgräbergesetz«. Die Fassung von 1952 hieß noch »Gesetz über die Sorge für die Kriegsgräber (Kriegsgräbergesetz)«, die geänderte Version von 1965 dann »Gesetz über die Erhaltung der Gräber der Opfer von Krieg und Gewaltherrschaft (Gräbergesetz)«; Bundesgesetzblatt 1952, I, S. 320–22; 1965, I, S. 589–92. Später hat insbesondere Richard von Weizsäcker mit seiner Rede zum 8. Mai 1985 diese Formel gleichsam kanonisiert; vgl. dazu ausführlicher Manfred Hettling, Militärisches Ehrenmal oder politisches Denkmal? Repräsentationen des toten Soldaten in der Bundesrepublik, in: Herfried Münkler / Jens Hacke (Hg.), Wege zur Bundesrepublik. Politische Mythen, kollektive Selbstbilder, gesellschaftliche Identitätspräsentation, Frankfurt/M. 2008; zur religiösen Bedeutung der Opfertradition vgl. den Beitrag von Angelika Dörfler-Dierken in diesem Band.

7 Vgl. den Beitrag von Thomas Bulmahn in diesem Band.

8 Vgl. den Beitrag von Wolfgang Kruse in diesem Band.

9 Vgl. den Beitrag von Jörg Echternkamp in diesem Band.

10 Vgl. den Beitrag von Klaus Naumann in diesem Band.

11 Vgl. dazu Manfred Hettling, Gefallenengedenken – aber wie? Das angekündigte »Ehrenmal« für Bundeswehrsoldaten sollte ihren demokratischen Auftrag darstellen, in: Vorgänge 2007, H. 1, S. 15–22.

12 Vgl. die Beiträge von Wolfgang Schmidt und Thomas Elßner in diesem Band.

13 Rede des Bundesministers der Verteidigung, Dr. Franz Josef Jung, anlässlich des XXXII. Internationalen Militärhistorikerkongresses am 21.8.2006 in Potsdam, http://www.bmvg.de/portal/a/bmvg.

14 Vgl. Wilfried von Bredow, Kämpfer und Sozialarbeiter. Soldatische Selbstbilder im Spannungsfeld herkömmlicher und neuer Einsatzmissionen, in: Sven Bernhard Gareis / Paul Klein (Hg.), Handbuch Militär und Sozialwissenschaft, Wiesbaden 2004, S. 287–94; Die deutsche Sicherheitspolitik im Zwielicht, in: Neue Zürcher Zeitung 1.11.2006, S. 3 (»Sozialarbeiter in Uniform«).

15 SPIEGEL-Titel 20.11.2006.

16 Frankfurter Allgemeine Zeitung, 2.2.2008, S. 1.

17 Vgl. seinen Beitrag in diesem Band.

18 Vgl. die Beiträge von Heinrich Wefing, Günter Schlusche und Stefanie Endlich in diesem Band.

19 Die bisher vorliegenden Erläuterungen des Verteidigungsministeriums und des Ministers konzentrieren sich ebenfalls ganz auf den Bereich des Dienstes, der Pflichterfüllung; vgl. Franz Josef Jung, Ehrenmal für unsere getöteten Soldaten. Das Ehrenmal der Bundeswehr. Informationen und Hintergründe, Berlin 2007 (Broschüre des Verteidigungsministeriums zur Vorstellung der Wettbewerbsentwürfe im Juni 2007).

20 Vgl. den Beitrag von Hans-Ernst Mittig in diesem Band.

Herfried Münkler

Militärisches Totengedenken in der postheroischen Gesellschaft

Für die Toten der großen Kriege gibt es in Deutschland eine umfassende Gedenktradition, von privaten Erinnerungsanzeigen anlässlich der Todestage gefallener Familienangehöriger bis zu den offiziellen Ansprachen und Kranzniederlegungen am Volkstrauertag. In der Regel ist dieses Gedenken still und unheroisch. Gelegentlich wird darin Pflichterfüllung bis zum Tode annonciert, zumeist aber nur das frühe Ende eines hoffnungsvollen Lebens beklagt. Inzwischen freilich ist die Erinnerung an die beiden Weltkriege verblasst; auch diejenigen, die mit den Gefallenen noch persönlichen Umgang gehabt haben, werden immer weniger. Die während der 1950er und 60er Jahre noch in vielen Wohnzimmern anzutreffenden Bilder der gefallenen Ehemänner und Söhne sind längst verschwunden. Der von Heiner Müller immer wieder beschworene Eindruck, wonach Deutschland einem Totenhaus gleiche, hat seine Grundlage verloren. Wir leben nicht bloß in einer friedlichen Gesellschaft, sondern gehen auch davon aus, dass der Frieden uns dauerhaft erhalten bleibt. Krieg ist wieder das geworden, als was er im Osterspaziergang in Goethes *Faust* apostrophiert worden ist: etwas, das fern in der Türkei stattfindet, oder eigentlich noch weiter weg. Deswegen waren die jugoslawischen Zerfallskriege der 1990er Jahre so bedrohlich für unser Selbstverständnis.

Seit einem Jahrzehnt etwa werden deutsche Soldaten in verstärktem Maße entsandt, um in diesen Konflikten eine pazifizierende Rolle zu spielen. Ob ihnen das gelingt, entscheidet sich zumeist erst im Verlaufe des Einsatzes, dessen politische Unterstützung durch die Bevölkerung sich dementsprechend verändert. In der Regel ist sie am Anfang recht groß, um dann, wenn die ersten Schwierigkeiten auftreten und Rückschläge zu verkraften sind, allmählich abzuschmelzen. Als das politische Instrument der humanitären militärischen Intervention in Erwartung einer neuen Weltordnung nach dem Ende des Kalten Krieges noch am Anfang stand, ging man davon aus, dass diese Einsätze eher kurz seien und zwar Geld, aber kaum Opfer kosten würden. Beides hat sich als Illusion erwiesen. Statt einiger Monate dauern diese Einsätze mehrere Jahre, und bei manchen wird man sich darauf einstellen müssen, dass sie Jahrzehnte in Anspruch nehmen werden, wenn man sie denn nicht abbricht und ihr Scheitern eingesteht. Vor allem kosten sie nicht nur Geld, sondern auch Opfer unter den entsandten Soldaten, infolge von Unfällen, in wachsendem Maße aber auch durch Gewalteinwirkung von Gruppen im Einsatzgebiet, die sich entgegen den Annahmen als Gegner entpuppt haben.

Das war in der ursprünglichen Konzeption der humanitären militärischen Intervention so nicht angenommen worden: Entweder ging man davon aus, dass verschiedene Volksgruppen miteinander in einen Konflikt geraten waren, aus dem sie durch eigene Kraft nicht herauskamen und eines Dritten als Mediator bedurften, oder man stellte zwar in Rechnung, dass einige mit der militärischen Intervention und ihren politischen Zielen nicht einverstanden waren, nahm aber an, dass sie angesichts deren Legitimation durch die Weltgemeinschaft und / oder der Macht des dahinter stehenden Bündnisses auf einen größeren und nachhaltigen militärischen Widerstand verzichten würden. Um diesen Verzicht auf gewaltsamen Widerstand nahe zu legen, hatte man die Intervention ja mit militärischen Komponenten ausgestattet: Nicht weil man sich von vornherein darüber im klaren war, dass es einer erzwingenden Gewalt bedurfte, um die mit der Intervention verfolgten Ziele erreichen zu können, sondern eher um deutlich zu machen, dass man es ernst meinte und im Falle gewaltsamen Widerstands auch bereit und in der Lage war, die eigenen Ziele mit Waffengewalt durchzusetzen. Die militärischen Kräfte sollten potentiellen Trägern des Widerstands im Einsatzgebiet nachdrücklich vor Augen führen, dass es besser war, wenn sie gegen die Intervention nichts unternahmen, jedenfalls auf gewaltsamen Widerstand verzichteten. Man zeigte seine Waffen, damit man sie nicht gebrauchen musste. Damit bewegte man sich noch ganz in der Logik der Blockkonfrontation, wie sie die weltpolitischen Konstellationen über vier Jahrzehnte bestimmt hatte. Aber dann kam alles anders.

Inzwischen haben die deutschen Streitkräfte, aber auch die in

die Einsatzgebiete entsandten Polizeieinheiten und Polizeiausbil-
der eine wachsende Zahl von Toten zu beklagen, und dementsprechend stellt sich die Frage, ob man der bei solchen Auslandseinsätzen ums Leben Gekommenen offiziell gedenken, ihnen womöglich
ein Denkmal widmen solle. Die Frage des Denkmals ist eine zutiefst
politische Frage; in ihm wird nämlich festgehalten, dass es sich bei
den humanitären militärischen Interventionen nicht um ein abgeschlossenes Projekt handelt, das man in bester Absicht unternommen, aber wieder beendet habe, weil es nicht die erwünschten Ergebnisse gebracht habe, sondern dass man sich sowohl auf eine
längere Dauer der Interventionen als auch auf weitere derartige Projekte einstellen müsse. Mit der Errichtung des Denkmals wird die
Frage des Abbrechens oder Fortsetzens zugunsten von letzterem
entschieden. Das ist auch der Grund, warum es politischen Widerstand gegen das Denkmal gibt: nicht weil man den einzelnen Toten
die Anerkennung ihres Einsatzes versagen will, sondern weil man
darin eine ungewollte Legitimation gegenwärtiger und vor allem
zukünftiger Einsätze sieht. Das Denkmal für die bei Auslandseinsätzen getöteten Angehörigen der Bundeswehr ist keines für ein
abgeschlossenes Ereignis, sondern markiert die menschlichen Kosten eines in die Zukunft hin offenen Projekts.

Die politische Herausforderung eines Denkmals für die Toten
der Auslandseinsätze der Bundeswehr ist also eine doppelte: zum
einen, weil es in Deutschland keine Tradition des Totengedenkens
für Auslandseinsätze der Streitkräfte gibt, sondern nur eine des
Gedenkens für die Toten der großen Kriege, und zum anderen, weil
das vertraute Totengedenken sich auf prinzipiell abgeschlossene
Ereignisse bezieht und gleichsam einen Schlussstrich unter sie darstellt. Mahnmale in Deutschland stehen für die Gewissheit, dass zu
den Opfern dieses Krieges keine weiteren mehr dazukommen. Dass
dies nicht der Fall ist, dürfte die deutsche Öffentlichkeit nachhaltig
irritieren und Skepsis bis Ablehnung gegenüber dem neuen Ehrenmal hervorrufen. Was darin zum Ausdruck kommt, ist freilich mehr
als bloß eine Irritation über eine traditionslose, dafür aber zukunfts-
offene Form des Totengedenkens. Es ist die Irritation über neue
Formen des Krieges, in die man mit einem Mal verwickelt ist, und
das einer postheroischen Gesellschaft eigene Zurückschaudern
davor. Die postheroische Gesellschaft kann mit Todesopfern umgehen, indem sie diese vergisst und verdrängt, aber das nachhaltig
erinnernde Andenken dieser Opfer steht unabhängig davon, wie

viele es sind, quer zu ihrem Selbstverständnis. Selbst wenn das nicht bedrohlich ist, irritiert es doch.

Somit finden zwei gesellschaftlich-politische Entwicklungen in dem Denkmal ihren Niederschlag, ohne explizit zum Ausdruck zu kommen: die Herausbildung einer neuen Form von Krieg – man kann von »neuen Kriegen« sprechen – und die Entstehung einer postheroischen Gesellschaft, die nicht mit einer pazifistischen Gesellschaft zu verwechseln ist. Vielmehr handelt es sich um eine Gesellschaft, die aus einem Selbstverständnis des Fortgeschritten-Seins und Gelernt-Habens auf ihre heroische Phase zurückblickt, deren Spuren in der Gestalt von Gedenksteinen und Mahnmalen noch überall präsent sind. Ein auf Gegenwart und Zukunft verweisendes Mahnmal würde dieses Selbstverständnis, aus der Geschichte und den Opfern der Vergangenheit gelernt zu haben, fortan friedlich zu sein, in Frage stellen. In-Frage-Stellen ist hier freilich nicht zu verwechseln mit Dementieren. Womöglich bestätigt eine intensivere Auseinandersetzung mit dem Denkmal gerade den Anspruch des Aus-der-Geschichte-gelernt-Habens, aber sie lässt nicht länger als selbstverständlich durchgehen, dass wir gegenüber den Generationen des Ersten und Zweiten Weltkriegs auf einer ethisch und intellektuell höheren Stufen stehen. Ein solches Denkmal ist also in jeder Hinsicht unbequem: Es erinnert uns also nicht bloß an das, was wir eigentlich lieber vergessen wollen, sondern stellt obendrein noch unsere Gewissheiten in Frage.

Beginnen wir mit dem Problem der neuen Kriege, auf deren Beendigung die humanitären militärischen Interventionen abzielen. War für die klassischen Staatenkriege in Europa typisch, dass sie mit einer Kriegserklärung begannen und durch einen Waffenstillstand bzw. Friedensschluss endeten, so ist es ein Charakteristikum der neuen Kriege, dass sie nicht durch Rechtsakte eröffnet werden, sondern plötzlich auflodern und durch einen sich oft über Jahre hinziehenden Friedensprozess beendet werden – wenn sie denn überhaupt beendet werden und nicht nach dem Abzug der auswärtigen Intervenen wieder aufflackern. Die neuen Kriege finden auf einem sehr viel niedrigeren Gewaltniveau statt als die europäischen Staatenkriege, und oftmals glimmen sie über Jahre bloß vor sich hin. Sie kennen keine großen Schlachten, in denen die Hauptkräfte beider Seiten eine militärische Entscheidung des politischen Konflikts suchen, und in ihnen spielt die Unterscheidung zwischen Kombattanten und Nonkombattanten keine sonderliche Rolle. Deswegen werden in den neuen Kriegen in der Regel auch sehr viel mehr Unbeteiligte und Zivilisten getötet als Bewaffnete, die sich einer der kämpfenden Gruppen angeschlossen haben. Genau das ist einer der Gründe dafür, dass sich Dritte genötigt sehen, in Form humanitärer militärischer Interventionen einzugreifen, um dem Krieg mitsamt den ihn begleitenden Massakern ein Ende zu machen. Der klassische Krieg dagegen kannte diese Form kriegsbeendender Interventionen nicht; in ihm hieß die Alternative entweder Neutralität oder Beitritt zu einer der Kriegsparteien. Die in Deutschland bekannten Formen militärischen Totengedenkens gelten allesamt dem klassischen Krieg, und mit Ausnahme des Zweiten Weltkriegs beziehen sie sich ausschließlich auf Militärpersonal. Sie zeichnen die aus, die für die tatsächlichen oder missverstandenen Interessen des Landes das Opfer ihres Lebens gebracht haben. Es gibt also eine zumindest fiktive Verbindung zwischen den Kriegstoten und den Lebenden, und die wird in den meisten Inschriften der Denkmale – wobei die des Zweiten Weltkriegs eine Ausnahme bilden – als eine des Opfers der Toten für die Lebenden formuliert.

Genau das aber ist bei den toten Soldaten der Auslandseinsätze nicht oder allenfalls sehr vermittelt der Fall: Wenn deutsche Soldaten in Bosnien, im Kosovo oder in Afghanistan den Tod finden, dann nicht, weil sie mit ihrem Einsatz eine direkte Bedrohung der deutschen Bevölkerung abgewehrt hätten, sondern sie sterben zu allererst für das Interesse der an einem friedlichen Leben interessierten Bevölkerung dort, die sie schützen und für deren friedliches Zusammenleben sie sorgen sollen. Im Sinne einer universellen Ethik sind diese Auslandseinsätze, wenn man ihnen nicht doch verborgene egoistische Interessen nachweisen kann, also sehr viel besser begründet als jeder Gebrauch von Streitkräften in einem klassischen Krieg, in dem es bloß um die Sicherung bzw. Durchsetzung der je eigenen Interessen geht. Aber der Preis für die Abkoppelung des Gebrauchs der Streitkräfte von den nationalen Partikularinteressen und die Verknüpfung mit universalethischen Imperativen ist hoch: Er beginnt bei der notorischen Vermutung, dass hinter so viel Selbstlosigkeit doch durch und durch egoistische Motive verborgen sein müssten, weswegen Auslandseinsätze ein beliebtes Ziel von Ideologiekritik sind, und er endet in gedankenloser Gleichgültigkeit, weil es ja nicht wirklich die eigene Sicherheit und das eigene Leben gewesen ist, für die der Soldat getötet worden ist. Die Kehrseite der misstrauischen Ideologiekritik ist also das achselzuckende

Bekunden, man wäre besser zu Hause geblieben, dann wäre man noch am Leben.

Im Falle der bei Auslandseinsätzen getöteten Soldaten liegt somit die gesamte Last bei der Politik bzw. denen, die die Entscheidung über den Einsatz getroffen haben. Während sich viele der sonst immer deutlich zu vernehmenden Vertreter einer universalethischen Beurteilung politischen Handelns mit ideologiekritischen Vermutungen von der Rechtfertigung der Intervention distanzieren und sich ein Teil der Bevölkerung unter dem Eindruck des Totengedenkens fragt, ob nicht die finanziellen Kosten des Einsatzes besser eingespart und als Zuwendungen an sie selbst verwendet worden wären, muss die Politik rechtfertigen, warum dieser Einsatz sie nicht nur Geld, sondern auch Menschenleben wert gewesen ist. Das ist bei entsprechend penibler Aufrechnung ein schier aussichtsloses Unterfangen: Weder kann Geld gegen Leben aufgerechnet werden noch das Leben einiger deutscher Soldaten gegen die womöglich erfolgreiche Befriedung eines Gebiets. Und was, wenn der Einsatz fehlgeschlagen und alles beim Alten geblieben oder gar noch ärger geworden ist? Derlei ist bei der Entscheidung für eine Intervention nie auszuschließen. Man muss, sobald man es mit strategischen Gegenspielern zu tun hat, immer mit einem Fehlschlag rechnen. Wo das prinzipiell ausgeschlossen werden kann, ist auch eine Intervention mit militärischen Mitteln nicht vonnöten.

Erinnerungsstätten und Denkmale sind – auch – ein generalisierter Dispens von einer minutiösen Aufrechnung des Ertrags und der Kosten eines solchen Unternehmens. Von Marcel Mauss bis Theodor Adorno haben die Sozialwissenschaften versucht, das Opfer im Sinne eines *Sacrificium* als verdeckte Form des Tauschs zu dechiffrieren, bei dem gegeben wird, um zu bekommen. Aber das ist, wenn überhaupt, nur unter der Bedingung von Reziprozität oder der Annahme einer so beeinflussbaren Gottheit plausibel. Für säkulare und individualistische Gesellschaften dagegen ist der Tauschgedanke als Geheimnis der Opferpraxis nicht nur unplausibel, sondern geradezu eine Aufforderung, das Opfer als Betrug zu begreifen. Und für postheroische Gesellschaften gar wird die Opferbereitschaft von Menschen zu einer Anomalie, die dringend therapiebedürftig ist. Sie können sich allenfalls mit einer schwachen Form des Opferbegriffs anfreunden, die man auch als ein Eingehen erhöhter Risiken bezeichnen könnte. Unter diesen Bedingungen greift auch das Konzept des Tauschs wieder, denn erhöhte Risiken werden in post-

heroischen Gesellschaften zumeist mit erhöhten Geldzuwendun-
gen abgegolten. Die Risikokosten werden dadurch der Emphase einer Opfersemantik entkleidet; die alternative Semantik lautet, dass
die Soldaten das Risiko, das sie eingingen, gekannt hätten und ihm
bedauerlicherweise zum Opfer gefallen seien. Aus *Sacrificia* werden auf diese Weise *Victima*, welche Folge einer Verkettung unglück-
licher Zufälle oder bösartiger Handlungen sind und die bzw. deren
Angehörige entsprechend entschädigt werden sollen. So denkt die
postheroische Gesellschaft über das Problem der Toten von Auslandseinsätzen, und deswegen liegen ihr finanziellen Entschädigun-
gen sehr viel näher als die Errichtung von Denkmalen. Zahlen und
vergessen – das ist die Devise, der gemäß postheroischen Gesellschaften mit ihren Opfern umgehen. Man könnte auch sagen: zahlen, um zu vergessen.

Das ist also das Dilemma militärischen Totengedenkens in der
postheroischen Gesellschaft: dass die Gesellschaft solche Erinnerung zwecks Selbstvergewisserung nicht braucht, ja geradezu ab-
lehnt, wohingegen die Politik ihrer bedarf, um darüber generali-
sierten Dispens für die Opfer der Einsätze zu erlangen. Dabei ist
die Distanz der Gesellschaft gegenüber einem an die Toten der Auslandseinsätze erinnernden Denkmal keineswegs in der Weise politisch, dass diese Einsätze abgelehnt werden, weil durch sie für ille-
gitim gehaltene Interessen durchgesetzt werden sollen. Im Gegenteil:
Gerade weil *keine* existenziellen gesellschaftlichen Interessen auf
dem Spiel stehen, hat die postheroische Gesellschaft, das heißt konkret: die große Mehrzahl der ihr Angehörenden, kein Interesse an
solchen Einsätzen und überlässt den Umgang mit dem Denkmal
denen, die damit etwas verbinden: den Angehörigen und Freunden
der Getöteten, die darin eine Stätte öffentlicher Anerkennung für
die bei Auslandseinsätzen der Bundeswehr Getöteten sehen, und
den politischen Gegnern solcher Einsätze, die das Denkmal als Ort
für spektakuläre, zumindest Aufmerksamkeit erregende Formen des
Protestes und der Ablehnung der Regierungspolitik nutzen können und nutzen werden. Das macht die Verletzlichkeit eines solchen Denkmals in der postheroischen Gesellschaft aus: dass die Zahl
derer, die mit ihm etwas verbindet und denen es etwas bedeutet,
eher klein ist, während diejenigen, die militärische Interventionen
ablehnen, hier den symbolischen Ort für ihre Kritik an der Politik
der Regierung finden.

Das macht auch den Unterschied aus zwischen einem Denkmal

für die bei Auslandseinsätzen getöteten Soldaten und deren Grab-
steinen auf den heimatlichen Friedhöfen, wo ihre sterblichen Über-
reste, wie es heißt, bestattet sind. Hier sind und bleiben die Toten
Angehörige der Gemeinde, in der sie gewohnt und zeitweilig gelebt
haben. Der politische Auftrag, der sie in den Tod geführt hat, verschwindet in der persönlichen Verbundenheit mit denen, deren
Namen hier verzeichnet sind. Das schützt die Grabmale davor, zum
Austragungsort politischer Meinungs- und Gesinnungskämpfe zu
werden. Dieser Schutz durch die Konzentration auf das persönliche Schicksal des Getöteten geht einem politischen Denkmal jedoch ab. Es steht für den politischen Auftrag; mit ihm geht es nicht
um die Toten als Verwandte und Freunde, sondern als Soldaten, die
sich für politische Ziele und moralische Werte in die Pflicht nehmen ließen. Das Persönliche verschwindet im Offiziellen, was auch
heißt, dass das Offizielle nicht durch das Persönliche geschützt ist.

Aber der sakrale Mehrwert, den ein solches Denkmal der Politik
zwecks Erleichterung und Entlastung bei ihren Entscheidungen für
oder gegen die Beteiligung an einer Intervention verschaffen soll –
wobei immer in Rechnung zu stellen ist, dass den Verzicht auf eine
Intervention womöglich tausende Zivilisten im Krisengebiet mit
ihrem Leben bezahlen müssen –, bleibt äußerst begrenzt. Das zeigt
der Blick auf die terminologischen Usancen, die im Umgang mit
diesem Denkmal Verbreitung gefunden haben: Ganz selbstverständlich sprechen wir, wenn wir die Toten der klassischen Kriege apos-
trophieren, von »Gefallenen«, während die im Rahmen von Auslandseinsätzen der Bundeswehr ums Leben Gekommenen
»Getötete« heißen. Die sprachliche Separierung beider Gruppen hat
gute politische Gründe und dient im Wesentlichen dazu, den Unterschied zwischen Krieg und militärischer Intervention zu markieren: Gefallene gibt es nur in klassischen Kriegen, während diejenigen, die bei Auslandseinsätzen zur Beendigung von Bürgerkriegen
oder der Verhinderung schwerster Menschenrechtsverletzungen ihr
Leben verloren haben, eben bloß Getötete heißen. Die Beachtung
dieser Differenz schreibt die Staatsräson vor, weil die terminologi-
sche Vermischung von Krieg und Intervention in postheroischen
Gesellschaften zwangsläufig dazu führen würde, dass es überhaupt
keine militärischen Interventionen mehr gäbe. Daran kann nicht
der geringste Zweifel bestehen.

Aber das politische Erfordernis zur semantischen Markierung
dieser Differenz nimmt denen, die als »getötet« und nicht als »ge-

fallen« bezeichnet werden, die Aura des Sakralen. Sie haben ein Sa-
kralitätsdefizit. Im Begriff des »Fallens«, den man mit guten Gründen als puren Euphemismus zurückweisen kann, ist eben die Op-
ferqualität des Sakrifiziellen enthalten, was in der Bezeichnung
»Getötete« nicht der Fall ist. Sie steht bloß für die Gewaltsamkeit
und Vorzeitigkeit eines Lebensendes und repräsentiert nicht die im
Begriff des »Fallens« zentrale Vorstellung vom Tod als sakrifizieller
Gabe, als stellvertretender und rettender Tat. Diese Vorstellung ist
aus dem religiösen Bereich auf die Toten des Krieges übertragen
worden und verleiht ihnen eine besondere Weihe. Die Getöteten
der Auslandseinsätze müssen gemäß offizieller Sprachregelung ohne
diese besondere Weihe auskommen, wiewohl sie diese, wenn man
die Ursächlichkeit ihres Todes ethisch reflektiert, sehr viel eher verdient hätten als die meisten Toten der klassischen Staatenkriege.

Das also ist der Preis, den die an einem solchen Denkmal interessierte Politik der postheroischen Gesellschaft zu entrichten hat:
Sie muss alle Verbindungen und Assoziationen zum Krieg vermeiden. Und obendrein muss sie das Mahnmal permanent gegen Anschläge und unerwünschte Beschriftungen der militanten Gegner
von Auslandseinsätzen schützen. Sie tut dies, indem sie es partiell
der Öffentlichkeit entzogen und im geschützten Raum des Bendlerblocks platziert hat. Das militärische Totengedenken ist in postheroischen Gesellschaften mit einer Fülle von Kautelen umstellt. Es
ist dadurch weder unmöglich gemacht noch hat es seinen Sinn verloren. Aber es bleibt im Wesentlichen auf die militärische Sphäre,
die Soldaten und ihre Angehörigen begrenzt. Nur unter diesen
Umständen findet es die Akzeptanz der postheroischen Gesellschaft.

Historische Traditionen

Wolfgang Kruse

Strukturprobleme und Entwicklungsphasen des monumentalen Gefallenenkultes in Deutschland seit 1813

Öffentliche Gefallenenerinnerung und Sinnstiftung des Soldatentodes

In historischer Perspektive ist die öffentliche Erinnerung an gefallene Soldaten keine Selbstverständlichkeit. Sie bildete sich in Europa erst mit der Französischen Revolution heraus, als die revolutionären Bürger nicht nur die Gestaltung von Staat und Gesellschaft in ihre eigenen Hände nahmen, sondern als Bürgersoldaten auch die Bereitschaft entwickelten und im Zeichen der bald eingeführten Wehrpflicht verpflichtet wurden, im Kriegsfall die Waffe in die Hand zu nehmen und ihr Leben zu riskieren. Im Krieg gekämpft hatten vorher Berufssoldaten und teilweise gepresste Söldner, deren Einsatz außer Lohn und Zwang keiner weiteren Motivation bedurfte und deren Tod dementsprechend über die private Trauer hinaus keiner besonderen Erinnerung würdig erschien. Nun aber, und das war etwas ganz anderes, übernahmen kriegsfreiwillige oder wehrpflichtige Bürger die Soldatenrolle, Zivilisten eigentlich, deren kriegerischer Einsatz für das Kollektiv zwingend nach einer inhaltlichen Begründung verlangte: Nun ging es nicht mehr um Kriegshandwerk oder um die Ehre, sondern um die Nation, ihre Selbständigkeit und Freiheit, um das Selbstbestimmungsrecht, die Menschenrechte oder um die Volksgemeinschaft. Das galt auch für den Soldatentod, dessen gewaltsamer Charakter nun besonders erklärungsbedürftig erschien, nach einer Rechtfertigung verlangte und der so erst öffentlich erinnerungsfähig wurde. Hatte es bisher nur Denkmäler für bedeutende Feldherren und gewonnene Schlachten gegeben, so führte der von der Französischen Revolution ausgehende Demokratisierungsschub zu einer formalen Demokratisierung der monumentalen Erinnerung, die alle gefallenen Soldaten unabhängig von ihrem Rang in gleicher Weise denkmalswürdig machte, weil sie für dieselbe Sache ihr Leben gelassen hatten.[1]

Kriegerdenkmäler stehen grundsätzlich in einem Spannungsfeld zwischen persönlicher Trauer und Erinnerung auf der einen und ihrem öffentlichen, sinnstiftenden Charakter auf der anderen Seite. Angesichts der oft auf weit entfernten Schlachtfeldern gelegenen, vielfach anonymen Grabstätten war der Wunsch der Hinterbliebenen groß, einen Ort der Trauer und Erinnerung zu finden. Der monumentale Gefallenenkult griff dieses Bedürfnis auf, transponierte es aber in einen letztlich ganz anders strukturierten Erinnerungszusammenhang. Während in der persönlichen Erinnerung Tote als ehemals Lebende im Gedächtnis bewahrt werden, geht es im Gefallenenkult vor allem um die öffentliche Auseinandersetzung mit dem Charakter und der Bedeutung, mit dem Sinn ihres Todes. Dies wurde von Anfang an darin deutlich, dass schließlich doch nicht alle Soldaten denkmalsfähig wurden, sondern nur diejenigen, die zuvor auf der jeweils »richtigen« Seite, für die »richtige« Sache gekämpft hatten. Wer etwa als deutscher Soldat in den Armeen Napoleons gefallen war, der konnte nach dem Sieg über den Imperator selbstverständlich nicht in den neuen Gefallenenkult integriert werden. Die öffentliche Erinnerung an den gewaltsamen Tod für das Kollektiv war untrennbar mit dem Zweck des jeweiligen Krieges verbunden und tendierte so von Anfang an zu einer Ideologisierung von Krieg und Soldatentod, wie sie gerade in Deutschland lange Zeit den monumentalen Gefallenenkult geprägt hat.

Besonders deutlich trat dies zu Beginn in Preußen zutage, wo man nach der Niederlage gegen Napoleon möglichst alle Erfahrungen der Französischen Revolution aufzugreifen und durch bürokratisch initiierte Reformen für den Wiederaufbau von Staat und Gesellschaft, nicht zuletzt auch für die Wiedergewinnung militärischer Handlungsfähigkeit zu nutzen versuchte. Zu Beginn der Befreiungskriege gegen das napoleonische Frankreich wurde dafür auch der Gefallenenkult ins Leben gerufen. Nachdem Mitte März 1813 die Allgemeine Wehrpflicht verkündet und der neue, nunmehr auch gemeinen Soldaten offen stehende Kriegsorden vom Eisernen Kreuz gestiftet worden war, folgte am 5. Mai die später auch in anderen deutschen Staaten erlassene Anordnung, in Regimentskirchen und Kirchen der Heimatgemeinden mit dem Ordensmotiv verzierte

Gedächtnistafeln zur Erinnerung an diejenigen anzubringen, die im »Kampfe für Ehre und Unabhängigkeit« gefallen waren; wer »in Ausübung einer Heldenthat« ums Leben gekommen war und deshalb sonst mit dem Eisernen Kreuz ausgezeichnet worden wäre, sollte als besonders lobenswertes Beispiel zuoberst aufgeführt werden.[2] Zwar boten die Kirchen Raum für ein christlich eingebundenes Totengedenken. Doch zugleich trat der propagandistische Charakter der Initiative deutlich zutage, nicht nur in der Hierarchisierung der Gefallenen, ihrer Stilisierung zu Vorbildern und der Sinnstiftung des Krieges, sondern auch in der unmittelbaren Zielsetzung. Den Stiftern der schon kurz nach Kriegsbeginn erlassenen Verordnung ging es offensichtlich weniger um die Erinnerung an bereits gefallene Soldaten als vielmehr um die Motivation der Lebenden, die zum kriegerischen Einsatz »Für König und Vaterland« motiviert werden sollten, wie es sowohl auf dem Eisernen Kreuz als auch auf den Gedächtnistafeln hieß.

Dieser sinnstiftende Vorgriff auf zukünftig fallende Soldaten prägte die weitere Geschichte des Gefallenenkults nicht unmittelbar. Doch obwohl es im folgenden überwiegend um eine rückblickende Erinnerung an die gefallenen Soldaten vergangener Kriege ging und die Obrigkeit während der beiden Weltkriege des 20. Jahrhunderts die Errichtung von Kriegerdenkmälern sogar explizit untersagte, blieb der in die Zukunft weisende Charakter grundsätzlich erhalten. Der Gefallenenkult zeichnet sich durch eine dreistufige, Vergangenheit, Gegenwart und Zukunft verbindende Temporalstruktur aus, wie sie in klassischer Weise die von August Böckh verfasste Inschrift auf dem ersten modernen preußisch-deutschen Kriegerdenkmal, dem von Friedrich Schinkel entworfenen, 1821 eingeweihten »Kreuzbergdenkmal« in Berlin zum Ausdruck brachte: »Den Gefallenen zum Gedächtnis, den Lebenden zur Anerkennung, den künftigen Geschlechtern zur Nacheiferung«. Die Gestaltung der Erinnerung aber lag in den Händen ihrer Stifter. Reinhart Koselleck hat Kriegerdenkmäler deshalb treffend als ex post vollzogene »Identitätsstiftungen der Überlebenden« bezeichnet. Das scheint banal. Doch in der Geschichte des modernen Gefallenenkultes ist diese Tatsache immer wieder wirksam verschleiert worden. Die Gefallenen waren, hieß es, *für* etwas gestorben – als sei das eine klare Tatsache –; sie sprachen Mahnungen an die Lebenden aus und forderten gar, ihrem Beispiel zu folgen oder aus ihrem Tod Konsequenzen zu ziehen, in der einen oder in der anderen Weise. Doch

was die Sterbenden wirklich gedacht haben, ob sie ihrem Tod einen
Sinn abgewinnen konnten oder ihn nur verflucht haben, das ent-
zieht sich zumeist unserer Kenntnis. Für den Gefallenenkult aber
war das kaum von Bedeutung. Zwar bezog sich die Erinnerung auf
ein vergangenes Geschehen und musste dementsprechend in einem
nachvollziehbaren inhaltlichen Bezug dazu stehen. Doch gestiftet
wurde sie stets von den Lebenden, nach deren Werten, Interessen
und Zielen.

Monarchische Sinnstiftung und bürgerlicher Gefallenenkult im Zeichen der militärischen Siege des 19. Jahrhunderts

Die preußische Kriegsparole von 1813/15 – »Mit Gott für König
und Vaterland« – fügte drei Elemente zusammen, die den deutschen
Gefallenenkult des 19. Jahrhunderts insgesamt geprägt haben: die
christliche Legitimation und den sinnstiftenden Bezug auf den
Monarchen einerseits, das nationale Kollektiv andererseits. Nach
dem militärischen Sieg über Napoleon jedoch, als der monarchi-
sche Staat zu neuer Stärke aufgestiegen war und das kriegerische
Engagement der Bevölkerung nicht mehr benötigt wurde, ging die
scheinbare Gleichrangigkeit der beiden Bezugsgrößen »König« und
»Vaterland« erst einmal verloren. So wie die Reformphase schnell
ihr Ende fand und alle Verfassungsversprechen von Friedrich Wilhelm III. hinfällig wurden, so übernahm der König auch die Führungsrolle in der öffentlichen Erinnerung an Krieg und Soldatentod. »Der König dem Volke, das auf seinen Ruf hin Gut und Blut
dem Vaterland darbrachte«, lautete 1821 die Einleitung zur Widmung auf dem Kreuzbergdenkmal.
   Die sich entwickelnde bürgerliche Gesellschaft nahm diese mo-
narchische Form der Sinnstiftung »von oben« auf und führte sie
selbständig weiter, ohne jedoch einen deutlichen Bruch zu vollzie-
hen. Bei der monumentalen Erinnerung an die im Kampf gegen
die Revolution von 1848/49 gefallenen Soldaten war zwischen-
zeitlich das Militär selbst als Träger eines spezifisch militärischen,
soldatische Tugenden als Schutz der Monarchie vor zivilen Zerset-
zungserscheinungen propagierenden Gefallenenkultes hervorgetre-
ten, während das Gedenken an die im März 1848 umgekommenen
Berliner Barrikadenkämpfer von oppositionellen Demokraten und

Sozialdemokraten gepflegt wurde. Nach den erfolgreichen Reichs-
gründungskriegen der Jahre 1864, 1866 und 1870/71 aber schien
der Konflikt zwischen dem monarchischen Militär und der bürgerlichen Gesellschaft obsolet. Der monumentale Gefallenenkult
ging nun in die Trägerschaft einer bürgerlichen Vereinskultur über,
die in der Gründung des deutschen Kaiserreiches die Erfüllung ihrer nationalen Wünsche sah und die Gefallenen dementsprechend
als Garanten nationaler Einheit und Größe erinnern wollte.

Zu diesem Zweck konstituierte sich im Lauf der 1870er Jahre
eine Vielzahl von kommunalen Denkmalkomitees, in denen lokale
Vereine – nicht nur Kriegervereine, sondern auch Schützen- oder
Gesangsvereine – mit Vertretern der Kirche, der Obrigkeit und der
kommunalen Selbstverwaltung zusammenarbeiteten. Die von ihnen gestifteten, meist durch öffentliche Sammlungen finanzierten
Denkmäler wurden nicht mehr, wie noch die Gedächtnistafeln der
Befreiungskriege, in Kirchen angebracht, sondern auf den zentralen Plätzen von Städten und Gemeinden errichtet, welche die Kom-
mune oder die Kirche zur Verfügung stellte. Sie zielten oft gar nicht
mehr auf eine christlich eingebundene, womöglich private Trauer,
sondern auf die öffentliche Inszenierung der Erfolge. Die Einwei-
hungsfeiern und die regelmäßigen, zumeist am Jahrestag des kriegs-
entscheidenden Sieges bei Sedan am 2. September wiederholten
Feierlichkeiten nahmen den Charakter von Volksfesten an und ver-
suchten mit Erfolg, die gesamte Bevölkerung symbolisch wie real
zu integrieren. Reden und auch Lieder wie »Nun danket alle Gott«,
»Heil Dir im Siegerkranz« oder das »Deutschlandlied« thematisierten die Erfüllung des Wunsches der deutschen Nationalbewegung
nach einem gemeinsamen deutschen Staat, dessen kleindeutsche,
unter preußischer Führung erreichte Verwirklichung den Tod der
Gefallenen als ein sinnvolles, nicht weiter zu problematisierendes
Opfer erscheinen ließ. Die Vertreter der Kirchen beschworen in diesem Sinne das »Wunder Gottes an unserem Volke«, während die
übrigen Redner vor allem die weltliche Tradition der nationalen
Bewegung des 19. Jahrhunderts hervorhoben und die mit der
Reichsgründung erfolgte »Wiedergeburt Deutschlands« priesen.

Auch ikonographisch rückten die Gefallenen gegenüber den
militärischen und politischen Erfolgen nun eindeutig an den Rand.
Die Namen der Toten wurden am Denkmalssockel aufgeführt, je
nach dem konkreten Stiftungszusammenhang als »Söhne«, »Kameraden« oder auch als »Helden«. In den Mittelpunkt der monumen-

talen Gestaltung aber traten die Ergebnisse des Krieges, der Sieg
und die Reichsgründung, die dem Tod einen scheinbar selbstver-
ständlichen Sinn verliehen. Die typische Denkmalsform insbesondere in den größeren, finanzkräftigeren Städten war die auf zentralen Plätzen errichtete Siegessäule, wie sie beispielgebend 1873 in
Berlin eingeweiht wurde. Die Siegessäulen waren gekrönt vom siegreichen preußischen Adler oder, häufiger noch, von den antiken
Siegesgöttinnen Nike bzw. Victoria, die mit Lorbeerkränzen, adler-
geschmücktem Helm oder Eisernen Kreuzen als Insignien der militärischen Erfolge vielfach verziert waren. Oft wurden die Göttin-
nen in kranzwerfender Pose dargestellt, weniger die Gefallenen als
die siegreich heimkehrenden Krieger grüßend. Auch die Borussia
als Symbol Preußens und die Germania als Symbol der im Krieg
errungenen nationalen Einheit krönten viele Denkmäler, wobei die
ikonographischen Übergänge zu den Darstellungen der Siegesgöttinnen fließend waren. Kleinere, weniger aufwendige Denkmäler
wurden zumeist auf (protestantischen) Kirchhöfen errichtet. Die
Symbolik des Sieges trat hier nicht ganz so deutlich hervor; die Nähe
zur Kirche öffnete der Erinnerung an die Toten mehr Raum. Doch
auch diese Denkmäler ließen die Trauer in der Feier des militärischen Sieges und seiner politischen Errungenschaften aufgehen.
Auch sie waren in der Regel geschmückt mit Symbolen für soldatisches Heldentum, Sieg und Reichsgründung, mit Eisernem Kreuz,
Eichenlaub, Kronen und anderen Verweisen auf die Früchte des
Erfolges. »Sei getreu bis in den Tod, so will ich Dir die Krone des
Lebens geben«, lautete eine typische, aus der Offenbarung Johannes übernommene Inschrift, die das Opfer der Gefallenen auf christlich verbrämte Weise mit dem weltlichen Erfolg legitimierte und
dabei zugleich deutlich auf die Gründung des Kaiserreichs anspielte.
    Trotz des in vieler Hinsicht bürgerlich-nationalen Charakters
inszenierte der monumentale Gefallenenkult des Kaiserreiches
letztlich keine selbstbewusste Staatsbürgernation, sondern ordnete
sie symbolisch in eine preußisch dominierte Militärmonarchie ein,
die das Reich in drei siegreichen Kriegen begründet hatte. Die Sockel vieler Denkmäler trugen nicht selten als Aufschrift die erneuerte Kriegsparole von 1813 »Mit Gott für König und Vaterland«,
verbunden mit anderen Insignien der Monarchie wie Kronen oder
einem W für den preußischen König und neuen deutschen Kaiser
Wilhelm I. Die Berliner Siegessäule, das erste Nationaldenkmal des
Kaiserreiches, zierte neben Gemälden zur Erinnerung an die drei

siegreichen Kriege eine zentrale, den Säulenrundgang oberhalb des Sockels schmückende Allegorie des deutschen Kaisertums: Germania mit preußischem Adler auf einem Thron mit der Aufschrift »loco imperatoris / für den Ort des Kaisers«, umgeben von den deutschen Fürsten und dem erwachenden, das Schwert ziehenden Kaiser Barbarossa. Die Einweihungsreden vieler Denkmäler fanden ihren Höhepunkt entsprechend in einem begeistert ausgebrachten »Hoch« auf Kaiser Wilhelm I.

Diese Sinnstiftung des Todes für das unter Führung der Hohenzollern geeinte Deutsche Reich wies allerdings auch Brüche auf. Nicht nur in den süddeutschen, lange mit Österreich verbundenen Staaten tat man sich anfangs schwer mit dem Gefallenenkult des preußisch dominierten Kaiserreiches. Auch in anderen katholisch geprägten Teilen des Reiches wurden unter dem Eindruck des Kulturkampfes lange nur wenige Kriegerdenkmäler errichtet, und wenn, dann betonten sie die Trauer über die Toten oft deutlicher als die Feier des Sieges.[3] Schließlich stellte die erstarkende Sozialdemokratie das Sinnangebot des Gefallenenkultes grundsätzlich in Frage. »Hätten wir nicht viel mehr Ursache«, polemisierte ein Parteiblatt 1895, »zu trauern, ob der Ströme Blutes, die damals um … was? vergossen worden sind. ›Die Einheit und Freiheit Deutschlands‹, antworten uns die Politiker und Geschichtsschreiber der herrschenden Klasse. Wir haben für die arbeitende Klasse nichts von großer Freiheit bemerkt.«[4]

Kriegsniederlage und Heldenkult in einer zerrissenen Republik

Nach dem Ersten Weltkrieg, nach Massensterben, militärischem Zusammenbruch und revolutionärem Staatsumsturz erlebte der monumentale Gefallenenkult quantitativ seinen Höhepunkt. Gleichzeitig aber war es mit der scheinbaren Einheitlichkeit der Sinnstiftung des Soldatentodes endgültig vorbei. Sowohl auf Reichsebene als auch in den meisten größeren Städten gelang es einer zutiefst gespaltenen Gesellschaft in der Regel nicht mehr, sich über Formen, Inhalte, Orte und Motive einer gemeinsamen Gefallenenerinnerung zu verständigen. Die spätestens seit 1924 einsetzenden Diskussionen über die Errichtung eines Reichsehrenmals verliefen so immer wieder im Sande.[5] Ein wesentlicher Grund ist darin zu sehen, dass die zuerst in England und Frankreich, später auch in vielen anderen Ländern gewählte zentrale Erinnerungsform in Deutschland auf vehemente Ablehnung stieß. Das Denkmal des Unbekannten Soldaten – die dem Charakter des anonymen Massensterbens in vieler Hinsicht adäquate, national verbindende und für unterschiedliche politische Deutungen offene westeuropäische Formel – wurde auf deutscher Seite als Ausdruck der dekadenten »Zivilisation« der westlichen Siegermächte begriffen, deren Abstraktheit dem realen Heldentum der deutschen Frontkämpfer nicht angemessen sei.

An die Stelle gemeinsamer Kriegerdenkmäler, die in der Regel nur noch in kleineren Gemeinden entstanden, trat nun eine Vielzahl von Denkmalsstiftungen, mit denen verschiedene gesellschaftliche Gruppen (militärische Traditionsvereine, zivile Vereine und Verbände, Kirchengemeinden, Schulen und Universitäten, städtische Beschäftigte etc.) an ihre je eigenen Gefallenen erinnerten. Da die politische Linke eine zurückhaltende bis ablehnende Haltung einnahm und zumeist dafür plädierte, die nötigen Gelder lieber für die Versorgung von Kriegsversehrten und -hinterbliebenen zu verwenden, wurden nur wenige kriegskritische Denkmäler errichtet. Stattdessen dominierten Denkmalsprojekte der politischen Rechten, was nicht nur in Berlin immer wieder zu öffentlichen Auseinandersetzungen führte.[6] Weil es, anders als nach 1870/71, keine militärischen Erfolge zu feiern gab, stellte der Kult nun das soldatische Heldentum der Gefallenen in den Mittelpunkt. In enger Verbindung mit zeitgenössischen Topoi wie »im Felde unbesiegt« und der Dolchstoßlegende wurde dieses Heldentum in den Einweihungsreden immer wieder heraufbeschworen und zur Grundlage für ein künftiges Wiedererstarken des Deutschen Reiches stilisiert.

Auch figürlich stieg nun der Soldat auf den Denkmalssockel. Dabei handelte es sich allerdings nicht um eine rein deutsche Entwicklung, in Frankreich etwa können wir ähnliches feststellen. Zweifellos haben die Vielzahl der Gefallenen und der oft anonyme Charakter des Todes die Tendenz zur figürlichen Erinnerung bestärkt. Die inhaltlichen Konnotationen und Aussagen allerdings differierten in hohem Maße. In Frankreich wurde der Soldat zumeist als heimkehrender Bürgersoldat dargestellt, der nach erfolgreicher soldatischer Pflichterfüllung in den Bürgerstand, zu seiner Familie zurückkehrt. In Deutschland dagegen finden wir den Soldaten als Soldaten. Er erscheint als heldenhafter Kämpfer, Heim und Herd schützend, Handgranaten werfend, trotz Verwundung weiterkämpfend, noch im Sterben die Fahne hochhaltend; manchmal wurde er auch durch einen verwundeten Löwen symbolisiert. Hinzu traten nackte Jünglinge mit Stahlhelm und Waffen, die zum einen auf den toten Christus, zum anderen aber auf die ewige kriegerische Natur des Menschen und die Aussicht auf eine soldatische Wiederauferstehung verwiesen. Vielfach finden sich auch teils in moderne Uniform gekleidete, teils mit klassischen Attributen wie Schwertern ausgestattete Soldaten, die einem Gefallenen die Totenwache halten oder ihn zu Grabe tragen und so die Gemeinschaft der lebenden und der toten Soldaten zum Ausdruck brachten.

Während die Denkmäler der frühen zwanziger Jahre manchmal noch Raum für Trauer und defensive Sinnstiftungen des Soldatentodes ließen, gewann der monumentale Gefallenkult zunehmend einen militaristischen und revanchistischen Charakter. Das zeigt besonders deutlich die Inschrift, die der Theologe Reinhold Seeberg für das 1926 eingeweihte Denkmal zur Erinnerung an die gefallenen Studenten der Berliner Universität – einen verwundeten persischen Krieger – entwarf. In der klassischen, dreistufigen Temporalstruktur hieß es hier bildungsbeflissen: »Invictis, victi, victuri / Den Unbesiegten, die Besiegten und zukünftigen Sieger«. In der figürlichen Gestaltung fand der Revanchismus seinen wohl deutlichsten Ausdruck mit dem im selben Jahr eingeweihten Denkmal des Königin-Augusta-Garde-Grenadier-Regiments Nr. 4 auf dem Neuköllner Garnisonsfriedhof, das einen zu Grabe gebetteten Soldaten mit Stahlhelm darstellt, unter dessen Leichentuch die geballte rechte Faust herausragt. Die Inschrift forderte die Lebenden auf, den Geist der Toten weiterleben zu lassen, und wies mit einem Vergil-Zitat die Perspektive: »Exoriare aliquis nostris ex ossibus ultor / Mag ein Rächer einst erstehen aus unseren Gebeinen«.

In den ersten Jahren der nationalsozialistischen Herrschaft wurde noch eine Reihe von Kriegerdenkmälern errichtet, die zumeist schon in der Endphase der Weimarer Republik geplant worden waren. Das zentrale Motiv bildeten Marschkolonnen ausziehender Soldaten, wie sie etwa zwei große Denkmalsanlagen in Düsseldorf und Hamburg auszeichneten. Hinzu kamen Denkmäler, die in hohem Maße von der Sachlichkeit und Einförmigkeit des heroischen Soldatentums geprägt waren. Dieser Gefallenkult wies deutliche Übergänge von der Verarbeitung des Ersten zur Vorbereitung des Zweiten Weltkrieges auf. Das Monument des Infanterieregiments

39 in Düsseldorf etwa wurde anstelle eines als undeutsch empfundenen Denkmals von Peter Rübsam errichtet, das zwei kriechende, sich gegenseitig stützende Soldaten darstellte und im März 1933 entfernt worden war. Ähnlich das von Richard Kuöhl gestaltete Denkmal für die Gefallenen des Infanterieregiments 76 in Hamburg, das ebenfalls in engem Zusammenhang mit der Entfernung eines pazifistischen Mahnmals von Ernst Barlach errichtet wurde. Es trug neben den berühmten Zeilen »Deutschland muß leben, und wenn wir sterben müssen« aus dem 1914 entstandenen Gedicht »Soldatenabschied« von Heinrich Lersch die wegweisende Aufschrift: »Großtaten der Vergangenheit sind Brückenpfeiler für die Zukunft.«[7] Der Nationalsozialismus konnte auf diesem Gefallenenkult aufbauen. Dementsprechend wurde auch das bereits 1927 eingeweihte Denkmal für die siegreiche Schlacht bei Tannenberg nach der Beisetzung des Generalfeldmarschalls und Reichspräsidenten Hindenburg 1934 zum Reichsehrenmal umgewidmet.[8] Einen eigenständigen Beitrag zum monumentalen Gefallenkult leistete das neue Regime dagegen kaum. Der spezifisch nationalsozialistische Totenkult bezog sich weit weniger auf die soldatischen Gefallenen des verlorenen Krieges als auf die politischen »Märtyrer der Bewegung«, die nun auch monumental zu Vorbildern für den nationalsozialistischen Menschen erhoben wurden.[9]

Opferkult und Sinnfrage nach dem totalen Zusammenbruch

Nach dem Zweiten Weltkrieg, nach dem totalen militärischen und moralischen Zusammenbruch des nationalsozialistischen Deutschlands, war eine positive Sinnstiftung des Soldatentodes nicht mehr möglich. Die Denkmäler, die seit den 1950er und vor allem in den 1960er Jahren errichtet wurden, stellen eine Abkehr von den Traditionen des herkömmlichen Gefallenenkultes dar. An die Stelle des mit Sinn besetzten aktiven »Opfers für …« trat nun ein umgekehrter Opferkult, in dem die Toten als passive »Opfer von« Krieg und Gewalt erinnert wurden. Diese Abkehr fiel in der Regel aber deutlich schwächer aus als die vorherige Sinnstiftung, weil sie zumeist die Frage nach den Ursachen und Zusammenhängen des massenhaften gewaltsamen Todes ausblendete und sich stattdessen in eine verallgemeinernde Unverbindlichkeit flüchtete. Offenbar fiel es ge-

rade angesichts der Toten schwer, Erfahrungen von Sinnlosigkeit
oder gar von Schuld zu thematisieren. In der DDR versuchte man
dieses Problem zu umgehen, indem – wie etwa in der 1969 zum
offiziellen Mahnmal umgestalteten Neuen Wache – gemeinsam der
gefallenen Soldaten wie der umgebrachten Widerstandskämpfer als
»Opfer des Faschismus und Militarismus« gedacht wurde, deren
Vermächtnis im antifaschistischen Staat in Erfüllung gegangen sei.
Im Westen Deutschlands weitete sich das Gedenken sogar auf alle
»Opfer der Kriege und der Gewaltherrschaft« aus, wie die stilbil-
dende Formel auf der 1964 eingeweihten Gedenktafel im Bonner
Hofgarten lautete. Die Erinnerung wurde so losgelöst von den konkreten historischen Zusammenhängen und von der eigentlich doch
drängenden Frage, ob die deutschen Soldaten des Zweiten Weltkrieges nicht auch Täter gewesen waren.

Als Initiatoren des Gefallenenkultes traten nun in der Regel Ver-
waltungsinstanzen hervor, die durch Organisationen wie den Volksbund Deutsche Kriegsgräberfürsorge (VDK) unterstützt wurden,
während die breitere Öffentlichkeit kaum noch beteiligt war und
bald auch kein größeres Interesse am Kult mehr aufbrachte. Die
Monumente selbst wurden in der Regel auf Friedhöfen errichtet,
nur selten noch an zentralen öffentlichen Orten. Vielfach bediente
man sich einer christlichen Form-, Bild- und Wortsprache, die den
gewaltsamen Tod mit Versöhnungs- und Auferstehungsperspekti-
ven verband. Auch weltliche Intentionen und Zielvorstellungen
waren hier eingeschrieben, etwa wenn den Toten, dargestellt in den
Armen einer Pietà, die Aufforderung an die Lebenden zugespro-
chen wurde: »Im Frieden den wir gefunden, vergesst die Tränen,
die Wunden«.

Denkmäler, die ausschließlich an gefallene Soldaten erinnerten,
wurden fast nur noch in unmittelbarem Zusammenhang mit Sol-
datengräbern errichtet. Als Motiv wählte man häufig trauernde Frau-
engestalten, deren Aussage zwischen christlicher Auferstehungshoff-
nung und offener Sinnfrage changierte. Eine Ausnahme stellt das
1972 eingeweihte »Ehrenmal des deutschen Heeres« auf der Fes-
tung Ehrenbreitstein dar, das sich mit der figürlichen Darstellung
eines zur letzten Ruhe gebetteten Soldaten, mit Eisernem Kreuz und
stilisiertem Eichenkranz wieder in die spezifisch soldatische Denk-
malstradition einreihte. Die meisten Denkmalsstiftungen dagegen
bezogen sich nicht mehr allein auf die gefallenen Soldaten und gehörten nur noch bedingt in die Geschichte des monumentalen Ge-

fallenenkultes. Erinnert werden sollten zumeist nicht nur alle Kriegsopfer, die soldatischen wie die zivilen, sondern auch alle Opfer der
nationalsozialistischen Gewaltherrschaft, womit der exklusiv nationale Bezug des traditionellen Gefallenenkultes überwunden wurde. Da man ältere Kriegerdenkmäler oft aus städtebaulichen Gründen entfernte, wurden die neuen Denkmäler auch den Toten des
Ersten Weltkrieges oder gleich aller Kriege des 19./20. Jahrhunderts
und darüber hinaus den Opfern jeder Gewaltherrschaft, sowohl des
Nationalsozialismus als auch besonders des Stalinismus gewidmet.
Als Höhepunkt des ins Unverbindliche ausgeweiteten, gleichzeitig
von christlichen Trostangeboten flankierten bundesdeutschen Opferkultes kann die 1993 auf Initiative von Bundeskanzler Helmut
Kohl erneut, nun zur »Zentralen Mahn- und Gedenkstätte der Bundesrepublik Deutschlands« umgestaltete Neue Wache in Berlin gelten, die wiederum das Motiv der Pietà mit der allgemeinen Widmung »Den Opfer von Krieg und Gewaltherrschaft« verbindet.[10]
     In der letzten Zeit treten allerdings zwei gegenläufige Entwick-
lungen zu diesem ebenso allgemeinen wie unverbindlichen Opferkult hervor. Zum einen handelt es sich um die wachsende Tendenz,
den unterschiedlichen Opfergruppen der NS-Herrschaft je eigene
Denkmäler zu errichten; eine besondere Herausforderung für die
militärische Tradition des Gefallenenkultes stellen dabei Denkmäler für hingerichtete Deserteure dar.[11] Zum anderen deutet sich jedoch in den Planungen für ein »Ehrenmal der Bundeswehr« eine
aktualisierte Erneuerung des monumentalen Gefallenenkultes an.
Ähnlichkeiten mit dem propagandistisch geprägten Auftakt zur
Geschichte des preußisch-deutschen Gefallenenkultes sind dabei
kaum zu übersehen. Wie 1813 eng verbunden mit Überlegungen
zur Stiftung eines neuen Kriegsordens, geht es auch bei dem geplanten Denkmal zur Erinnerung an die Gefallenen der Bundeswehr ganz offensichtlich nicht nur um bereits gestorbene, sondern
auch um erst zukünftig fallende Soldaten, deren kriegerischer Einsatz legitimiert werden soll.

Anmerkungen

1   Vgl. grundlegend Reinhart Koselleck, Kriegerdenkmäler als Identitätsstiftungen
    der Überlebenden, in: Odo Marquard / Karl-Heinz Stierle (Hg.), Identität,
    München 1979, S. 255–76; im europäischen Kontext Ders. / Michael Jeismann
    (Hg.), Der politische Totenkult. Kriegerdenkmäler in der Moderne, München
    1994; für Deutschland im Überblick umfassend Meinhold Lurz, Kriegerdenk-
    mäler in Deutschland, 6 Bde., Heidelberg 1985ff.

2   Vgl. Gesetz-Sammlung für die Königlichen Preußischen Staaten des Jahres 1813,
    Verordnung 175, S. 65f.

3   Vgl. Martin Bach, Studien zur Geschichte des deutschen Kriegerdenkmals in
    Westfalen und Lippe, Frankfurt/M. 1985, S. 266–305.

4   Volkswacht Bielefeld, 9.8.1895, zit. n. Reinhard Vogelsang, Geschichte der Stadt
    Bielefeld, Bd. 2, Bielefeld 1988, S. 233.

5   Vgl. Benjamin Ziemann, Die deutsche Nation und ihr zentraler Erinnerungs-
    ort. Das »Nationaldenkmal für die Gefallenen im Weltkriege« und die Idee des
    »Unbekannten Soldaten« 1914–1935, in: Helmut Berding u.a. (Hg.), Krieg und
    Erinnerung. Fallstudien zum 19. und 20. Jahrhundert, Göttingen 2000, S. 57–
    91. Als Ersatz diente letztlich die 1931 zum preußischen Denkmal für die Ge-
    fallenen des Ersten Weltkriegs umgebaute Neue Wache. Vgl. mit weiterführen-
    der Literatur Wolfgang Kruse, Schinkels Neue Wache in Berlin. Zur Geschichte
    des modernen politischen Totenkultes in Deutschland, in: Zeitschrift für Ge-
    schichte 50 (2002), S. 419–35.

6   Vgl. Christian Saehrendt, Der Stellungskrieg der Denkmäler. Kriegerdenkmä-
    ler im Berlin der Zwischenkriegszeit (1919–1939), Bonn 2004.

7   Vgl. auch zur umstrittenen Nachgeschichte Hans Walden, Der Streit um das
    Hamburger Kriegsdenkmal von 1936, in: Eberhard Grillparzer u.a. (Hg.), Denk-
    mäler. Ein Reader für Unterricht und Studium, Hannover 1994, S. 14–25.

8   Vgl. Jürgen Tietz, Das Tannenberg-Nationaldenkmal. Architektur, Geschichte,
    Kontext, Berlin 1999.

9   Vgl. Sabine Behrenbeck, Der Kult um die toten Helden. Nationalsozialistische
    Mythen, Riten und Symbole 1923 bis 1945, Vierow b. Greifswald 1996.

10 Vgl. Michael Jeismann, Zeichenlehre. Vom nationalen Kriegsgedenken zum
    kulturellen Gedächtnis, in: Ders. (Hg.), Mahnmal Mitte. Eine Kontroverse, Köln
    1999, S. 7–31.

11 Vgl. www.deserteur-denkmal.de.

Jörg Echternkamp

Kein stilles Gedenken

Die Toten der Wehrmacht im Erinnerungskonflikt der Bundesrepublik

Wofür haben die Soldaten der Wehrmacht ihr Leben gelassen? Bereits an dieser Frage, nicht erst an den Antworten, entzündeten sich immer wieder Erinnerungskonflikte, wenn in Westdeutschland öffentlich der Gefallenen gedacht wurde. Umstritten blieb, inwieweit über die Qualitäten des Soldatenhandwerks hinaus oder gar unabhängig davon für das Totengedenken die politischen Ziele in Rechnung zu stellen seien, denen die Soldaten gedient hatten, zumal dann, wenn das Gedenken eine traditionsstiftende Funktion besaß. Das betraf nicht zuletzt die Bundeswehr, deren Selbstverständnis in den ersten Jahrzehnten wesentlich von ihrem Verhältnis zur Wehrmacht geprägt war.

Denn wenn in der »alten Bundesrepublik« toter Soldaten gedacht wurde, ging es zumeist nicht um die eigenen Soldaten (die der Bundeswehr), sondern um die »anderen« (die der Wehrmacht, oder zumindest: auch die der Wehrmacht). Diese Verschiebung hat an den westdeutschen Totenkult eine Grundspannung angelegt, die seit den fünfziger Jahren immer wieder augenfällig wurde. Auf der einen Seite steht die private Trauer um den Verlust eines Angehörigen, der im Krieg gefallen war, und die religiöse Pflicht, den Verstorbenen ein ehrendes Gedenken zu bewahren; hinzu kam das verständliche Bedürfnis der Veteranen, ihren ehemaligen Kameraden ein würdiges Andenken zu bewahren. Auf der anderen Seite beruhte die politische Legitimation der Bundesrepublik als einer Demokratie auf ihrer ausdrücklichen Abgrenzung von der nationalsozialistischen Diktatur. Wofür die Soldaten gestorben waren, darüber wurde gestritten; unstrittig war, dass sie nicht *für* die Bundesrepublik gestorben waren. Insofern gab es ein normatives Spannungsverhältnis zwischen dem Totengedenken als einem positivem Modus der Erinnerung und einem tendenziell negativen Bezug auf die jüngste Vergangenheit von Diktatur und Krieg.

Jedes öffentliche Totengedenken ermöglicht, ja erzwingt geradezu eine *politische* Sinnstiftung, die das Schicksal des Einzelnen in einen historischen Sinnzusammenhang stellt, insbesondere wenn das Gedenken in einem militärischen Zusammenhang steht. Der folgende Problemaufriss lenkt den Blick daher zunächst auf das politische Totengedenken am »Volkstrauertag«, dann auf die Traditionswürdigkeit von Wehrmachtsoldaten in der Bundeswehr. Nach diesem Blick auf die zivile Gesellschaft und auf das militärische Milieu sollen zwei Fallbeispiele zentrale Deutungs- und Argumentationsmuster und ihren Wandel in den 1960er und 70er Jahren verdeutlichen.

»Mortui viventes obligant!«

Politisches Trauern um die Kriegstoten

Weit davon entfernt, die Kriegsereignisse in einen Mantel des Schweigens zu hüllen, thematisierten die westdeutschen Medien den Krieg auf eine bestimmte Weise. Ob in den Fortsetzungsromanen der Illustrierten »Stern« und »Quick«, in den Landser-Heftchen oder im Kinofilm,[1] stets ging es um vorgeblich zeitlose Werte wie Pflichterfüllung, Vaterlandsverteidigung und die soldatische oder nationale »Ehre«. Das Motto hatten wenige Jahre nach Kriegsende die ehemaligen Generale in ihren Memoiren vorgegeben.[2] Von dem kritischen Blick auf die Wehrmacht, der in der Lizenzpresse der unmittelbaren Nachkriegszeit unter den Bedingungen alliierter Umerziehungspolitik das Bild für kurze Zeit geprägt hatte, war in den fünfziger Jahren so gut wie nichts übrig geblieben.[3]

Stattdessen sahen sich die meisten Westdeutschen als Leidtragende: als Opfer Hitlers und seiner Satrapen und als Opfer eines Krieges, der wie ein Naturereignis über die Welt gekommen zu sein schien. Die Folgen von Flucht und Vertreibung, Kriegsgefangenschaft und Heimkehr verlängerten diese Leidenserfahrung der Deutschen und schoben das Kriegsende um mehr als ein Jahrzehnt über den 8. Mai 1945 hinaus. Erst mit der Repatriierung der letzten deutschen Soldaten aus sowjetischem Gewahrsam schien der Krieg, wie es in der Presse hieß, endgültig vorüber.[4] Noch lange blieb der Stacheldraht ein Symbol von Gefangenschaft und Gewalterfahrung – im Gulag, nicht im Konzentrationslager. Insofern nimmt es nicht wunder, dass auch die Gefallenen als Opfer erinnert wurden. Die Wehrmachtsangehörigen, die während der Kriegsgefangenschaft in der UdSSR ums Leben kamen, wurden als Opfer *zweier* Diktaturen betrauert. Die Kontinuität des Antikommunismus über die politische und militärische Zäsur von 1945 hinweg erleichterte diese Deutung. Erst gegen Ende der fünfziger Jahre wandelte sich das Klima, nicht zuletzt durch den Generationswechsel.

Zwar gab es in der Bundesrepublik keinen einheitlichen politischen Totenkult, kein nationales Denkmal und kein allgemeines Gedenkritual, sondern zunächst nur dezentrale Erinnerungsorte, Gedenkformen und -rituale, die fallweise staatspolitisch aufgeladen werden konnten, ohne dass ein staatliches Totengedenken mit offizieller Symbolfunktion in einer zentralen Einrichtung dauerhaft institutionalisiert wurde.[5] Doch ab 1952 bot der Staat mit der Wiedereinführung eines Feiertages zwei Sonntage vor dem Ersten Advent den Anlass und den Freiraum, der Kriegstoten zu gedenken. Den »Volkstrauertag« hatte der Volksbund Deutsche Kriegsgräberfürsorge (VdK) 1919 als Gedenktag für die gefallenen Soldaten des Ersten Weltkriegs initiiert. Im NS-Regime war er zum »Heldengedenktag« umgedeutet worden, an dem die Heldenverehrung an die Stelle des Totengedenkens trat. Seit den fünfziger Jahren fanden im Bundestag, in den Länderparlamenten und den Kommunen Gedenkstunden mit Kranzniederlegungen statt. Üblicherweise trafen sich die Trauernden am örtlichen Mahnmal – häufig einem Kriegerdenkmal –, das seit 1945, mit dem Zusatz »1939–1945« versehen, an die Toten beider Weltkriege erinnerte.[6]

In den Gedenkzeremonien, den Trauerreden und Zeitungsartikeln wird besonders deutlich, wie sehr das öffentliche Gedenken ein Teil der politischen Kultur ist und regelmäßig die Frage aufwirft, wofür der Bürger stirbt. Was rechtfertigt seinen gewaltsamen Tod? Die Legitimation des Todes diente – und dient noch stets – der Legitimation jener sozialen Handlungseinheit, die sich an ihre Toten, ihre getöteten Toten erinnert. Der gewaltsame Tod, zumeist als Opfer gedeutet, war »ein Unterpfand des Überlebens« (Reinhart Koselleck).[7] *Mortui viventes obligant* – fragte sich bloß, wozu? Die Antworten fielen naturgemäß unterschiedlich aus. Die Deutungsmuster der Erinnerung an die Toten der Wehrmacht können mit unterschiedlichen politischen Diskursen verknüpft werden und sich in der Zeit wandeln.

Um ein Beispiel zu geben: Unter der Überschrift »Die Toten verpflichten die Lebenden« machte sich das Organ des Verbandes Deutscher Soldaten e.V. (VDS), *Soldat im Volk*, 1959 auf die Suche nach dem Sinn des Kriegstodes. Der Volkstrauertag bot der Veteranenpresse Gelegenheit, den Tod der Soldaten grundsätzlich als ein »Opfer« zu definieren. Mit der Vorstellung von einem zeitlosen »deutschen Soldatentum« wurden die deutschen Toten des Zweiten Weltkriegs in eine Reihe mit den Toten des Ersten Weltkriegs gestellt, was das Gewicht des Opfers auf rund sechs Millionen erhöhte. Hinzugerechnet wurden die zivilen Opfer des Bombenkriegs, der Flucht und Vertreibung. Ihr »Vermächtnis« sah der VDS in der »Mahnung für den Frieden. Wenn diese Mahnung von allen Völkern der Welt erhört wird, dann sind die Opfer zweier Weltkriege nicht umsonst gewesen.« In diesem Kontext wurde die Pflege der Kriegsgräber als ein »Bekenntnis zu dem geistigen Erbe der Kriegstoten«, eben jenem Friedensgebot, eingefordert. Das gepflegte Grab wurde zu einem Symbol der nationalen »Fürsorge«. So wurde die Erinnerung an die »anderen« Toten zu einem Plädoyer in eigener Sache.[8]

Vorbilder?
Traditionsstiftung und Totengedenken in der Bundeswehr

Die Entwicklung des gesamtgesellschaftlichen Verständnisses des nationalsozialistischen Krieges und damit des Selbstverständnisses der westdeutschen Demokratie spiegelte sich in dem Problem der Traditionswürdigkeit gestorbener Wehrmachtsoldaten wider, wie sie insbesondere in der Benennung von Einrichtungen der Bundeswehr nach ehemaligen Soldaten zum Ausdruck kam. Deshalb überrascht es nicht, dass auch in der 1955/56 gegründeten Bundeswehr ältere Bilder von Krieg und Soldatentum kursierten und unter den Soldaten auf eine breite, über Rangunterschiede hinweggehende Zustimmung stießen. Daher waren die Weichen für das soldatische Selbstverständnis frühzeitig so gestellt, dass die »Grün-

dungsväter« der Bundeswehr auf Konfrontationskurs gingen, wenn
sie die Traditionswürdigkeit der Wehrmacht mit der normativen
Kraft des Grundgesetzes auszuhebeln suchten. Denn welcher Toten in der Bundeswehr als Vorbild gedacht wurde, war eine Frage,
die in einem unmittelbaren Zusammenhang mit der neuen Führungsphilosophie der Bundeswehr, dem Konzept der »Inneren Führung«, stand.[9]

Deren Verfechter, namentlich Wolf Graf von Baudissin, kämpften jahrelang wenn nicht auf verlorenem, so doch auf einsamem
Posten. Während die Soldaten, von den jungen Rekruten abgesehen, nach dem »Gründungskompromiss« von 1955/56 zwangsläufig aus den Reihen der Wehrmacht stammten und dort militärisch
sozialisiert worden waren, forcierte die veränderte Führungsphilosophie einen Wertewandel, der auf ein neues Verständnis von militärischer Traditionswürdigkeit zielte.

Ihr Leitbild ist bis heute der »Staatsbürger in Uniform«. Die Soldaten sollten als Angehörige der Zivilgesellschaft ernst genommen
und auf die freiheitlich-demokratische Grundordnung des Staates
verpflichtet werden, dem sie dienen. Das Novum lag in der radikal
veränderten Haltung zum Krieg, der nun nicht mehr als eine Chance
männlicher Bewährung galt, sowie in der Maxime, den freien Menschen in der Armee mit dem vollwertigen Soldaten zu verbinden –
als Voraussetzung für ihre Schlagkraft.[10]

Ein ehrendes Totengedenken durch die entsprechende Benennung militärischer Einrichtungen setzte daher mehr voraus als ge-
fechtstaktisches Geschick. Salopp formuliert: Seinen »Job« hervor-
ragend gemacht zu haben, war fortan keine hinreichende, ja nicht
einmal eine notwendige Bedingung mehr – so zumindest hätten es
die Reformer gern gehabt. Denn eins hat die neuere Militärgeschichte der Bundeswehr gezeigt: Die Geschichte der Inneren Führung
ist bis in die frühen siebziger Jahre eine Geschichte ihrer mangeln-
den Akzeptanz in der Truppe.[11] Am Ende der ersten, krisenhaften
Aufstellungsphase 1965 hatte das Konzept sogar »noch avantgar-
distischere Züge« angenommen.[12] Je stärker die Parteinahme für
den Rechtsstaat als Bedingung der Kriegstauglichkeit ausgeklam-
mert wurde, desto leichter fiel der positive Rückbezug auf die toten
Soldaten der nationalsozialistischen Diktatur.

Zwar hatte der Personalgutachterausschuss, der über die Neu-
einstellung ehemaliger Offiziere befand, die Haltung gegenüber dem
militärischen Widerstand vom 20. Juli 1944 zu einem Lackmustest

für die Wiederverwendung gemacht. Doch bis weit in die siebziger Jahre, ja zu einem kleinen Teil bis heute dauerte es, bis Graf Stauffenberg und seine 1944/45 ermordeten Kameraden den Ruch der Vaterlandsverräter loswurden und als traditionswürdige Offiziere einen herausgehobenen Platz im Totengedenken erhielten, nicht nur in der Bundeswehr. Das Ressentiment gegenüber den Widerständlern speiste sich aus derselben Quelle wie das überkommene Selbstbild des Soldaten: Wer für die Hitler-Attentäter des 20. Juli ein ehrendes Gedenken forderte, stellte zumindest unausgesprochen das Verhalten der meisten ehemaligen Wehrmachtsoldaten in Frage und untergrub ihr Entlastungsargument, an ihrem Eid festgehalten, pflichtbewusst gehandelt und damit ihre soldatische »Ehre« bewahrt zu haben.

Die Ehrenerklärungen, die General Eisenhower am 21. Januar 1951 und Konrad Adenauer am 3. Dezember 1952 abgaben, um die noch skeptischen Veteranen für eine neue deutsche Streitmacht versöhnlich zu stimmen, bekräftigte diese Auffassung. Im Sinne einer Politik, die auf die Wiederbewaffnung Westdeutschlands und die Westintegration zielte, reagierten der Oberste Befehlshaber der Alliierten Streitkräfte Europas (SACEUR) und der Bundeskanzler auf die moralischen Vorhaltungen der ehemaligen Wehrmachtsoldaten, durch die Besatzungspolitik der Alliierten »diffamiert« worden zu sein.[13] Die Ablehnung zeigte sich in einer eigensinnigen »Erinnerungspolitik« in den Kasernen vor Ort. Viele Kommandeure hielten weiterhin das Erbe ihrer alten Reichswehr- und Wehrmachttruppenteile hoch, so dass der Bundesverteidigungsminister Kai-Uwe von Hassel 1965 per Erlass das Verhältnis von »Bundeswehr und Tradition« zu klären suchte. Dessen Wirkung verpuffte indes rasch, trotz oder wegen vieler halbgarer Kompromisse.

Erst als die Westdeutschen seit den späten siebziger Jahren ihr Verhältnis zum NS-Regime neu definierten und Teile der Gesellschaft die Bundeswehr kritisierten – diesmal von links –, konnte die sogenannte Rudel-Affäre zum Anlass für einen zweiten »Traditionserlass« werden, der 1982 für mehr Klarheit sorgte. Ein Unrechtsregime wie das Dritte Reich könne keine Tradition begründen, hieß es. Sollten einzelne Soldaten der Wehrmacht für die Bundeswehr traditionswürdig sein, musste es jedoch auf die Frage »tapfer – wofür?« eine stichhaltige, das heißt am Grundgesetz orientierte Antwort geben. »Maßstab für Traditionsverständnis und Traditionspflege in der Bundeswehr sind das Grundgesetz und die der Bundeswehr übertragenen Aufgaben und Pflichten.«

Wofür waren die Soldaten der Wehrmacht gestorben? Und wofür waren die Soldaten der Bundeswehr bereit zu sterben? Für ein traditionsstiftendes Totengedenken hatten die Antworten in einem Deutungszusammenhang zu stehen. Eine Form dieses Gedenkens ist die Namensgebung. Kasernen und andere Einrichtungen der Bundeswehr können – so heißt es in den Traditionsrichtlinien – nach Persönlichkeiten benannt werden, »die sich durch ihr ganzes Wirken oder eine herausragende Tat *um Freiheit und Recht verdient* gemacht haben.«[14] Institutionen der Diktatur bleiben also per se außen vor. Bei Personen ist im Einzelfall zu prüfen, ob sie nach diesem Kriterium als Vorbild gelten können.

Nachrufe

Todesfälle als Erinnerungsanlass

Die Toten der Wehrmacht: Das sind in erster Linie die 3 bis 4 Millionen im Krieg Gefallenen und Vermissten, deren Tod in vielen Fällen erst Jahre nach Kriegsende feststand und damit öffentlich kundgetan werden konnte. Andere ehemalige Wehrmachtsoldaten starben, alters- oder krankheitsbedingt, erst in den Jahren der Bundesrepublik. Einige hatten prominente Rollen in den Kameradschaftszirkeln und Soldatenverbänden gespielt, die seit den frühen fünfziger Jahren eine besondere, aber keineswegs gesellschaftlich isolierte »Veteranenkultur« bildeten.[15] Nachrufe, Traueranzeigen und Berichte über Bestattungen gehörten zu dieser Erinnerungskultur ebenso wie Schilderungen von Soldatenfriedhöfen im Ausland und das Totengedenken zu Beginn von Kameradschaftstreffen.[16] Hier galt: *de mortibus nil nisi bene.*

Doch Todesannoncen zeigen auch, welche positiven Eigenschaften den Verstorbenen als Soldaten zugeschrieben wurden, genauer: welche Eigenschaften die Angehörigen oder ehemaligen Kameraden auch nach 1945 für positive Werte hielten. Drei Kategorien lassen sich unterscheiden: Erstens wurden dem Verstorbenen ethische Charaktereigenschaften »treu«, »zuverlässig«, »hilfsbereit«, »freundlich« oder »aufrecht« zugeschrieben; zweitens bescheinigte man ihm spezifisch soldatische Qualitäten: Er war etwa »hochbewährt in Kriegs- und Friedenszeiten«, »in beiden Weltkriegen ausschließlich an der Front«, ein »ritterlicher Offizier« oder ein »ganzer Mann«; drittens gab es gelegentlich einen Hinweis auf die christliche Frömmigkeit des Verstorbenen. Leid und Stolz der Hinterbliebenen finden mit der Formel »in stolzer Trauer« ihren gemeinsamen Ausdruck.

Auf besondere Aufmerksamkeit stießen unter den Veteranen wie in der zivilen Öffentlichkeit der Tod des ehemaligen Oberbefehlshabers der Kriegsmarine (bis 1943), Erich Raeder, im November 1960, sowie der Tod seines Nachfolgers und des letzten Regierungschefs des »Dritten Reiches«, Karl Dönitz, im Dezember 1980. Beide hatten sich vor dem Internationalen Militärgericht in Nürnberg unter anderem wegen ihrer »Beteiligung an einem Angriffskrieg« zu verantworten gehabt. Auf welche Erinnerungskonflikte weisen die Traueransprachen, Grabreden und Nachrufe hin?

Am 11. November 1960 fand in der Kieler Petruskirche die Trauerfeier für Raeder statt, der zu lebenslanger Haft verurteilt und 1955 aus dem Kriegsverbrechergefängnis Spandau entlassen worden war. Zu den Rednern gehörte der Inspekteur der Marine, Friedrich Ruge. Er war in Uniform erschienen, trat aber nach eigenem Bekunden nicht in seiner militärischen Funktion oder als Vertreter des Verteidigungsministeriums auf.[17] In der Kirche sprach er »als ältester aktiver Offizier der Marine« mit »großer persönlicher Verehrung und Dankbarkeit«. Ruge lobte Raeder, seit 1928 Chef der Marineleitung, als einen »Kameraden, der in seiner menschlichen und militärischen Haltung beispielhaft war«; als einen fürsorglichen Vorgesetzten, der bei Verstößen gegen die Menschenwürde, gegen Anstand und gute Sitten hart durchgegriffen habe; als einen frommen Christen, der bis zuletzt in Uniform zum Gottesdienst gegangen und die Wehrmachtseelsorge verteidigt habe; als einen Offizier, der sich den Nürnberger [Rasse-] Gesetzen widersetzt und dafür gesorgt habe, dass die Marine moralisch »sauber« geblieben sei; schließlich: als einen Verfechter der Demokratie mit viel Engagement für das »Verständnis zwischen den Nationen«. Kein Wunder, dass Ruge die Verurteilung in Nürnberg 1946 mit dem Mangel an Sachlichkeit und Sachkenntnis der Richter kritisierte.

Dieses Attest positiver Eigenschaften spiegelte der Trauerredner dann mit den Gefahren und Erfordernisse einer Gegenwart, die »in schwerem Kampf um die Behauptung ihrer geistigen Grundlage«

von Christentum, Freiheit und Rechtstaatlichkeit stehe: Werte, die wiederum Raeder verkörpert habe. Ruge schlug also einen kühnen Bogen aus der nationalsozialistischen Vergangenheit in die Gegenwart der jungen Bundesrepublik. Seine Feststellung, dass Raeders Lebenwerk, der Aufbau einer Marine, auch in den sechziger Jahren wieder eine militärische Notwendigkeit sei, suggerierte ganz im Zeichen des Kalten Krieges und des Antikommunismus eine Interessenidentität von Kriegsmarine und Bundesmarine in der Vaterlandsverteidigung gegen den gestern wie heute gleichen Feind. So schien es logisch, den Toten als Vorbild zu ehren. Der Aufbau der Trauerrede zeigt zweierlei: wie mancher um moralische, militärische Analogien zwischen Vergangenheit und Gegenwart bemüht war, um den Verstorbenen in eine Kontinuität zu stellen, die ein positives Gedenken zuließ; und wie sehr mancher dafür den Preis zu zahlen bereit war, über die politische Diskontinuität hinwegzusehen, ja den Unterschied zwischen NS-Diktatur und westdeutscher Demokratie auszublenden, gerade so, als wäre er für die rückblickende Beurteilung militärischen Handelns belanglos.

Wenn man dagegen, wie im Nachruf des Magazins *Der Spiegel*, den politischen Zusammenhang berücksichtigte, wenn man also danach fragte, in wessen Dienst sich der Großadmiral denn gestellt hatte, gelangte man zu einem anderen Urteil. Dann war der kaisertreue fromme Raeder »für Adolf Hitler [...] das geeignete Medium, um dessen Herrschaft vor den Augen des traditionsbewussten Offizierkorps der Marine zu legitimieren«. Dann wurde kritisiert, dass Raeder es nicht für angebracht gehalten habe, »den Staat, dem er zu dienen meinte, auf seine Legalität zu untersuchen, den Ehrenkodex auf seinen Gehalt, die grauen Kreuzer auf ihren Zweck«. »Des Gefreiten Großadmiral war kein Tirpitz;« hieß es hier, »er war Maat geblieben.«[18] Kein Wunder, dass verärgerte Soldaten in wütenden Leserbriefen diese Art der Erinnerung als einen infamen und zynischen Angriff auf den »gute(n) Ruf des hervorragenden Admirals« zurückwiesen.[19]

Stand 1960 einer der ranghöchsten Soldaten in Uniform am Grab eines verstorbenen Wehrmachtgenerals, war dies zwanzig Jahre später, beim Tode von Karl Dönitz, anders. Nicht, dass sich keine Soldaten gefunden hätten, die sich am 6. Januar 1981 als Uniformierte unter die über 5000 Menschen auf den Waldfriedhof von Aumühle bei Hamburg gemischt hätten, wo Angehörige der »Ordensgemeinschaft deutscher Ritterkreuzträger« den »Ehrenwachdienst« am Sarg versahen. Es war ihnen jedoch von ihrem obersten Dienstherrn verboten worden.[20]

Verteidigungsminister Hans Apel (SPD) hatte es abgelehnt, den Verstorbenen durch die Bundeswehr öffentlich zu ehren. Seine ausführliche Begründung, die er in einer Presseerklärung nachschob, zeigt die Argumentations- und Deutungsmuster im Umgang mit den Toten, den militärischen Führern der Wehrmacht. Zwar stellte Apel klar, dass er weder über »die militärischen Leistungen« urteile noch verkenne, dass viele Flüchtlinge Dönitz für ihre Rettung über die Ostsee dankbar seien. Doch »soldatische Pflichterfüllung und militärische Tüchtigkeit sind nicht zu trennen von den politischen Zielen, denen sie dienen.« Dem Minister ging es nicht zuletzt darum zu verhindern, dass die Präsenz von Bundeswehrsoldaten am Grab einen (außen)politischen Flurschaden anrichtete. Zweifel an der demokratischen und republikanischen Bindung deutscher Soldaten sollten durch ein derart symbolträchtiges Bild nicht genährt werden. »Unsere Bundeswehr und ihre Soldaten sind Teil unserer Gesellschaftsordnung. Karl Dönitz ist für sie kein Vorbild.« In dieselbe Richtung argumentierte dann auch 1982 der neue, bis heute gültige »Traditionserlass«.

Der Streit, der aus dem Sachsenwald in den Blätterwald der westdeutschen Feuilletons geriet, weist erneut auf den Erinnerungskonflikt hin, der im mentalen Gefüge der Bundesrepublik lange geschwelt hatte und über den greifbaren Fall »Dönitz« weit hinaus reichte. Die Toten der Wehrmacht waren eben *nicht* Teil jenes demokratischen Staates, dessen Gesellschaft sich erinnerte; ihre staatspolitische Symbolkraft entfaltete sich *ex negativo*. Eine positive Erinnerung an die Toten der Wehrmacht war in der Regel nur durch den Verzicht auf die Berücksichtigung des politisch-sozialen Zusammenhangs möglich, in dem die Person gestanden hatte, an die erinnert, derer gedacht wurde. Erst das Ausblenden des politischen Kontextes, konkret: des nationalsozialistischen Eroberungs- und Vernichtungskrieges, ermöglichte den Rückzug auf die Lichtgestalt des militärischen Führers, des fürsorglichen Vorgesetzten, des treuen Kameraden, des der Staatsführung treu dienenden, im Übrigen unpolitischen Soldaten.

Die öffentliche Erinnerung an die Toten der Wehrmacht in Nachrufen und Todesanzeigen, Gedenkveranstaltungen und Trauerzeremonien oder Ansprachen am Volkstrauertag gab daher nicht nur der individuellen Trauer eine Ausdrucksmöglichkeit. Die Formen

des politischen Totenkults waren vielmehr Bruchstellen, an denen
Erinnerungskonflikte aufbrachen. Der politische Totenkult schaff-
te noch stets Brennpunkte, an denen sich unterschiedliche Auffassungen von der politischen, sozialen und nicht zuletzt militärischen
Verfasstheit der westdeutschen Gesellschaft immer wieder gebün-
delt haben. Auch die Erinnerung an die Toten der Wehrmacht war
nicht nur eine in die Vergangenheit weisende »Sinnstiftung für
Überlebende«, sondern auch ein zukunftsorientiertes Instrument
der Ausbildung einer politischen und nationalen Identität.[21] Gemeinsames Totengedenken vereint die Lebenden. Doch auch das
Gegenteil trifft zu: Trauer trennt.

Anmerkungen

1   Vgl. mit weiterer Literatur Jürgen Egyptien (Hg.), Der Zweite Weltkrieg in Er-
    zählenden Texten zwischen 1945 und 1965, München 2007.
2   Vgl. Rolf Düsterberg, Soldat und Kriegserlebnis. Deutsche militärische
    Erinnerungsliteratur (1945–1961) zum Zweiten Weltkrieg. Motive, Begriffe,
    Wertungen, Tübingen 2000.
3   Jörg Echternkamp, Wut auf die Wehrmacht? Vom Bild der deutschen Soldaten
    in der unmittelbaren Nachkriegszeit, in: Rolf-Dieter Müller / Hans-Erich Volk-
    mann (Hg.), Die Wehrmacht. Mythos und Realität, München 1999, S. 1058–
    1080.
4   Vgl. Robert Moeller, War Stories. The search for a usable past in the Federal
    Republic of Germany, Berkeley 2001; Frank Biess, Homecomings. Returning
    POWs and the Legacies of Defeat in Postwar Germany, Princeton 2006.
5   Zur monumentalen Dimension des Totengedenkens vgl. Manfred Hettling, Mi-
    litärisches Ehrenmal oder politisches Denkmal? Repräsentationen des toten
    Soldaten in der Bundesrepublik, in: Herfried Münkler / Jens Hacke (Hg.), Wege
    zur Bundesrepublik. Politische Mythen, kollektive Selbstbilder, gesellschaftli-
    che Identitätspräsentation, Frankfurt/M. 2008.
6   Vgl. Alexandra Kaiser, »Sie wollen gar nicht, dass wir mit lauten Worten sie
    ›Helden‹ nennen«. Der Volkstrauertag und der Mythos vom Sinn des Sterbens
    im Krieg, in: Heidi Hein-Kircher / Hans Henning Hahn (Hg.), Politische My-
    then im 19. und 20. Jahrhundert in Mittel- und Osteuropa, Marburg 2006, S.
    63–80; Dies., »Allerheldentotenfest«. Politische Sinnstiftung und rituelle For-
    men des Gefallenengedenkens, in: Gottfried Korf (Hg.), Alliierte im Himmel.
    Populare Religiosität und Kriegserfahrung, Tübingen 2006, S. 83–124.
7   Reinhart Koselleck, Einleitung, in: Ders. / Michael Jeismann (Hg.), Der politi-
    sche Totenkult. Kriegerdenkmäler in der Moderne, München 1994, S. 9.
8   Die Toten verpflichten die Lebenden, in: Soldat im Volk 8,11 (1959), S. 1.
9   Vgl. Frank Nägler, Innere Führung. Zum Entstehungszusammenhang einer
    Führungsphilosophie für die Bundeswehr, in: Klaus-Jürgen Bremm u.a. (Hg.),
    Entschieden für Frieden. 50 Jahre Bundeswehr 1955 bis 2005, Freiburg i.Br.
    2005, S. 321–340.

10 Frank Nägler, Muster des Soldaten und Aufstellungskrise, in: Ders. (Hg.), Die Bundeswehr 1955 bis 2005. Rückblenden, Einsichten, Perspektiven, München 2007, S. 81–99, 85.

11 Detlef Bald, Die Militärreform in der »Ära Brandt«. Zur Integration von Militär und Gesellschaft, in: Bremm, Entschieden für Frieden, S. 341–354.

12 Nägler, Muster des Soldaten, S. 88.

13 Zum politischen Prozess der Integration der Veteranen vgl. Bert-Oliver Manig, Die Politik der Ehre. Die Rehabilitierung der Berufssoldaten in der frühen Bundesrepublik, Göttingen 2004, hier bes. 254–261.

14 Der Erlass vom 20.9.1982 ist abgedruckt in: Donald Abenheim, Bundeswehr und Tradition. Die Suche nach dem gültigen Erbe der deutschen Soldaten, München 1989, S. 230–234, S. 234 (Nr. 29), meine Herv., J.E.

15 Vgl. Jörg Echternkamp, Mit dem Krieg seinen Frieden schließen. Wehrmacht und Weltkrieg in der Veteranenkultur 1945–1960, in: Thomas Kühne (Hg.), Von der Kriegskultur zur Friedenskultur? Zum Mentalitätswandel in Deutschland seit 1945, Münster 2000, S. 78–93.

16 Vgl. nur den Bericht über die Mitgliederversammlung der Marine-Offizier-Hilfe e.V. am 14.5.1960 in Essen, in: MOH 9,6 (1960), S. 91–95, S. 91.

17 Die Rede wurde abgedruckt in der Marinezeitschrift »Leinen los!« (Dezember, 1960, S. 375–376), zit. nach: Jörg Hillmann (Hg.), »Erleben – Lernen – Weitergeben«. Friedrich Ruge (1894–1985), Bochum 2005, S. 295 f.

18 (Anonymus), Erich Raeder, in: Der Spiegel 47 (1960), S. 34.

19 Conrad Albrecht, Generaladmiral a.D., (Leserbrief) in: Der Spiegel 49 (1960), S. 6. Die »Entgleisung […] wird nur noch übertroffen von der Dämlichkeit, die da feststellt, wir seien 1945 frei geworden.« Wolfgang Reussner, (Leserbrief) in: Der Spiegel 49 (1960), S. 6.

20 Vgl. zur Beerdigung Wolfgang Becker, Hitlers Admiral »auf Grund gelegt«, in: Der Spiegel 3 (1981), S. 34.

21 Vgl. Reinhart Koselleck, Kriegerdenkmale als Identitätsstiftungen der Überlebenden, in: Odo Marquard / Karl-Heinz Stierle (Hg.), Identität, München 1979, S. 255–276; Koselleck / Jeismann, Totenkult.

Wolfgang Schmidt

Die Toten der Bundeswehr

Deutungsleistungen zwischen säkularem Ritual und sakralem Gedenken

Seit 1955 sind etwa 2600 Angehörige der Bundeswehr im Dienst ums Leben gekommen. Eine tragfähige demokratische Gedenk- und Erinnerungsform habe sich aber, so Manfred Hettling, bislang kaum entwickelt.[1] Um den militärischen Toten der Bundesrepublik einen würdigen Platz »im Sinne des demokratischen Gehalts und der demokratischen Rolle, die sie ausüben« zu geben, biete es sich an, die Frage, *wofür* der deutsche Soldat heute stirbt, mit Gedenkformen zu beantworten, die sich ausschließlich an den staatsbürgerlichen Werten des demokratischen Gemeinwesens orientierten.

Aber geschieht das nicht längst? Kommt das Soldatengedenken in der Bundesrepublik ohne Bezug zur demokratischen und staatsbürgerlichen Wertegemeinschaft aus? Steht militärisches Zeremoniell ausschließlich in vordemokratischer Kontinuität? Antworten nach Dimension und Interpretation im Blick auf das Sterben von Soldaten müssen sich auch am Ritual messen lassen. Entscheidender als die nonverbalen Erinnerungsformen aber – so meine These – sind die darin eingebetteten Traueransprachen. Denn im Unterschied zur christlichen, transzendenzorientierten Begräbnisliturgie, bei der die Bestattung dem Toten am Ende der sogenannten Schleusenzeit seinen Ort zuweisen muss und die Gemeinschaft ihn in die Hände Gottes gibt, ist die Rede »das erklärte Zentrum« säkularer Trauerfeiern.[2] Hier sind die Lebenden die Adressaten von Handlung und Ansprache. Daher wäre zu fragen, ob sich die in militärischen Traueransprachen vermittelte Sinnstiftung und Legitimierung des Soldatentodes an der seit 1955 geltenden Verpflichtung auf den demokratischen Rechtsstaat orientierte; ausgestaltet in den Prinzipien von Innerer Führung und ihrem Ideal vom Staatsbürger in

Uniform.[3] Oder diente das Begräbniszeremoniell der Bundeswehr als »Ritual der Todesrechtfertigung« vielmehr zur Befriedigung einer »Todessehnsucht« und zur »Heldenproduktion«? Handelte es sich mithin um eine Form kultureller Gewalt, die dazu diente, »direkte oder strukturelle Gewalt zu rechtfertigen oder zu legitimieren«?[4]

Konfrontation mit Tod und Trauerzeremoniell

Im Sommer 1957 wurde die Bundeswehr erstmals mit dem Tod konfrontiert. 15 Wehrpflichtige waren am 3. Juni beim Durchqueren der Iller ertrunken. Die Ursachen waren ein falsch verstandener elitärer Fallschirmjägergeist, Verstöße gegen die Innere Führung und gegen Befehle durch die unmittelbaren Vorgesetzten. Diese wurden später strafrechtlich zur Rechenschaft gezogen. Obwohl erst ein Toter geborgen worden war und keine klaren Informationen zur Unglücksursache vorlagen, nahm das Bundesministerium für Verteidigung bereits am folgenden Tag eine erste Sinnstiftung vor: »Ihr Opfer und ihr Leid verpflichten uns in unserem Dienst zum Schutze unserer Heimat«.[5] Dabei war die Stilisierung des Ertrinkungstodes zum Opfer eine Farce. Die Presseerklärung selbst sprach von einem Unglücksfall, der durch die Verquickung besonders tragischer Umstände eingetreten sei, deren Ursachen freilich erst noch untersucht werden müssten. Die Verpflichtung auf den Schutz der Heimat sollte im Sinne einer gesellschaftlichen Glorifizierung eine Antwort auf die Frage nach dem *Wofür* geben. In der Wortfolge »verpflichten uns« bildet sich appellhaft ab, dass nicht die Toten das Objekt der sprachlichen Inszenierung sind, sondern die Lebenden, also die angesprochenen Soldaten. Die Formulierung »zum Schutze der Heimat« ist hingegen recht unspezifisch; immerhin deutet sich eine defensive Zweckbestimmung der Streitkräfte und ihrer Soldaten an.

Keine Antwort hatte dagegen der Kommandierende General des II. Korps, Generalleutnant Max Pemsel, als er wenige Tage später bei einer gemeinsamen Totenehrung auf dem Kasernenhof in Kempten zu den Angehörigen sprach. Inmitten von vier zum Karree angetretenen Kompanien stand stellvertretend der Sarg des einzigen bislang geborgenen Toten. Auf Befehl des Führungsstabes der

Bundeswehr war er mit der schwarz-rot-goldenen Bundesdienstflagge bedeckt. Gewiss, der General drückte, nachdem ein Trauermarsch verklungen war, seine Trauer und sein Mitgefühl aus. Ein
militärischer Beobachter hielt es jedoch für höchst unsensibel, dass
er mit den Worten »Meine toten Kameraden, ich rufe Euch«[6] und
der namentlichen Nennung jedes einzelnen die Verstorbenen und
Vermissten in den Kreis der Lebenden zurück rief – nicht in die
familiäre, sondern die soldatische Gemeinschaft. Tatsächlich bohr-
te sich der Namensruf wie »ein Dorn in den Schmerz der Eltern«
hinein: »Das Schluchzen, das bei jedem Namensruf ertönte, zeigte
erbarmungslos an, welche Familie betroffen war«.[7] Manche Famili-
en gaben gegenüber dem katholischen Militärpfarrer sich selbst und
den Streitkräften die Schuld: »Hätten wir unseren Jungen nicht zum
Militär gehen lassen«.[8] Für die Ursache des Schmerzes machte der
General jedoch die Journalisten verantwortlich: »Ein abstoßendes
Gebaren zeigten übereifrige, geschäftemachende Reporter und Pres-
sefotographen [...] anlässlich der Trauerfeierlichkeiten am 6. 6. 1957
in Kempten. Besonders bei letzterer wurden die Gefühle der Trauergemeinde nach allgemeiner Ansicht aufs tiefste verletzt [...]«,[9]
als sich ein Reporter auf einen Angehörigen stürzte, der in Tränen
ausbrach, als das Lied vom guten Kameraden erklang.[10]

Im Umgang mit Verhalten, Funktion und Stellung der Medien in
einer offenen Gesellschaft wies das erste militärische Führungsper-
sonal der Bundeswehr eine bemerkenswerte Unkenntnis und Un-
sicherheit auf. Sicherlich gründete dies in Erfahrungen während
der NS-Zeit, wo die Streitkräfte in der öffentlichen Meinung durch
Tabus geschützt waren. Längst hat man gelernt, mit den Medien
umzugehen, wie ein eindrückliches Beispiel aus dem Jahr 2002 de-
monstriert. Kurz vor Weihnachten war ein Bundeswehr-Hubschrau-
ber bei Kabul abgestürzt. Sieben Tote waren zu beklagen. Auf eine
erste militärische Zeremonie bei der Ankunft der Särge in Deutschland folgte am 29. Dezember eine zweite öffentliche Gedächtnisfei-
er im Bonner Münster mit breiter medialer Resonanz. Abgesehen
davon, dass den Toten demonstrativer Respekt für ihren Dienst ab-
gestattet werden sollte, erklärte sich die Anwesenheit von Bundespräsident, Außen- und Verteidigungsminister sowie Generalinspek-
teur nach Einschätzung von Sozialwissenschaftlern nur durch die
systemimmanente Logik der Medien, die in dieser Jahreszeit
ohnehin vorhandene Emotionalität noch zu steigern. Da man davon
ausging, dass die Bevölkerung den Auslandseinsätzen der Bundes-

wehr kritisch gegenüberstand, wollte man das öffentliche Totengedenken mitgestalten und die Deutungshoheit gewinnen. Dahinter stand auch die bange Frage, wie sich die Deutschen verhalten, wenn sie mit Todesfällen in militärischen Einsätzen konfrontiert würden, hat doch das Individuum in modernen Gesellschaften einen hohen Stellenwert. Die politische wie gesellschaftliche Legitimation militärischer Einsätze wird davon beeinflusst, wie groß die Gefährdung der eigenen Soldaten ist bzw. wie hoch sie eingeschätzt wird.[11] Die Trauerfeier war hierfür ein Lackmustest.

In diesem Kontext – es ging um die heftig umstrittene Wiederbewaffnung –, analysierte die Bundeswehr bereits die Auswirkung des Iller-Unglücks auf die veröffentlichte Meinung. »Dieses wurde für die Bundeswehr«, so lautete die Folgerung, »zu einem Prüfstein ihrer Stellung und Einschätzung bei der breiten Öffentlichkeit insbesondere durch die Reaktion von Presse, Rundfunk, Fernsehen und der Parteien. Als Ergebnis ist festzustellen, dass mit Ausnahme einer unfreundlichen sog. »Boulevardpresse« die *sachliche* Beurteilung des Unglücks vorherrschte. Rückschließend kann gefolgert werden, dass die Bundeswehr im Volke doch schon tiefer verwurzelt ist, als man es noch vor ¾ Jahresfrist erwarten durfte«.[12] Das dürfte übertrieben gewesen sein. Bestenfalls wird man schon für die späten 1950er Jahre von einem freundlichen Desinteresse sprechen können, das der Bundeswehr entgegengebracht worden ist. Zwei Generationen später, zu Begin des 21. Jahrhunderts, zeigte sich ein ähnliches Bild. Regierung, Politiker und Medien wären angesichts möglicher Toter bei Auslandseinsätzen »casualty shy« und befürchteten negative Auswirkungen auf die öffentliche Meinung, hieß es jetzt. Im Lichte demoskopischer Erhebungen, die trotz der Todesfälle von einer relativ konstanten Zustimmung von 55 bis 57 Prozent zum militärischen Engagement der Bundesrepublik in Afghanistan ausgehen, sprechen manche Beobachter gar von einer »casualty readiness« der Öffentlichkeit – überzeugende politische Begründungen vorausgesetzt.[13]

Die Trauerfeiern nach dem Iller-Unglück sind erinnerungsgeschichtlich in mehrfacher Hinsicht grundsätzlich interessant. Zunächst stand die öffentliche Indienstnahme des Soldatentodes in einem Spannungsverhältnis zur emotionalen Wirkung, die das Ritual auf die Hinterbliebenen hatte – ein Befund, der erneut das in der Geschichte der pluralistischen Bundesrepublik zunehmende Auseinanderklaffen kollektiver Rituale und individueller Einstel-

lungen unterstreicht. Die namentliche Nennung der Toten diente
nämlich nur bedingt dazu, dem Einzelnen die Ehre zu erweisen;
vielmehr zielte sie emphatisch auf das militärische Kollektiv. Die
gleichzeitig provozierten individuellen Trauerreaktionen stellten das
wiederum in Frage. Bei einer Trauerfeier in einer Flugzeughalle in
Köln-Wahn, die 2003 zu Ehren von mehreren in Afghanistan umgekommenen Soldaten veranstaltet worden war, sorgte langanhal-
tender, lauter Trommelwirbel beim feierlichen Hereinbringen der
Särge bei einigen Hinterbliebenen für nachhaltige Irritationen.
»Dann kam ein Trommeln. Das krieg ich bis heut nicht aus mei-
nem Kopf«, berichtete eine junge Witwe. Und eine Mutter beurteilte dieses Ritual als zu lang und zu laut: »Das war sehr anstrengend
für uns, die Trauernden«.[14]

Das Iller-Unglück war für die Entwicklung des Trauerrituals in
der Bundeswehr auch insoweit von Bedeutung, als hier erstmals
jenes Zeremoniell ablief, das bis heute im wesentlichen Bestand hat.
Das Ereignis selbst gab im Juli 1957 den Anstoß dazu, das Zeremoniell bei Beerdigungen von aktiven und ehemaligen Soldaten zu
normieren. Nach 1960 als Kapitel »Trauerfeiern« in die »Zentrale
Dienstvorschrift 10/8 Militärische Formen und Feiern« überführt,
wurden die Vorgaben 1983 und 1991 leicht modifiziert. Man unterscheidet bei aktiven Soldaten der Bundeswehr ein kleines und
ein großes Ehrengeleit: Ersteres steht jedem im und außer Dienst
verstorbenen Soldaten zu, letzteres nur Kommandierenden Ge-
neralen. Die Ehrengeleite unterscheiden sich nicht in der Form,
sondern im protokollarischen Aufwand. Ein von Ehrenposten flan-
kierter, mit der Bundesdienstflagge und einer militärischen Kopfbedeckung bedeckter Sarg wird den Trauernden üblicherweise innerhalb einer militärischen Anlage präsentiert. Die Trauergemeinde
besteht in der Regel aus Kameraden des Toten sowie aus den eingeladenen Hinterbliebenen. Auf einen Trauermarsch folgt die Ansprache eines Militärgeistlichen, die keine liturgische Handlung im engeren Sinn ist. Diese kann, als Konsequenz der weitgehenden
Trennung von Staat und Kirche, in Form eines Requiems vor oder
nach der militärischen Trauerfeier in einer Kirche stattfinden. Im
Zentrum der Totenehrung steht die Ansprache eines militärischen
Vorgesetzen. Die Feier endet mit dem Lied vom guten Kameraden,
bevor der Sarg an den Heimatort des Toten überführt und den
Angehörigen zur Bestattung übergeben wird. Das zivilkirchliche
Begräbnis kann auf Wunsch der Angehörigen durch ein militäri-

sches Ehrengeleit ergänzt werden; auch die Übergabe der Bundesdienstflagge ist möglich.

Die Ursprünge des militärischen Trauerzeremoniells reichen zum
Teil weit zurück und tauchen in ähnlicher Ausprägung auch im
europäisch-angelsächsischen Kulturkreis auf. Doch erst seit der Einführung der Wehrhoheit 1935 werden in Deutschland nicht nur
die im Kriege, sondern auch die im Frieden zu Tode gekommenen
einfachen Soldaten mit militärischen Ehren bedacht.[15] Das Bede-
cken des Sarges mit der Reichskriegsflagge demonstrierte die symbolische Zuschreibung des Soldatentods im Sinne des nationalsozialistischen Kriegerstaats. Dieses Ritual wird zwar auch in der
Bundeswehr praktiziert – aber mit einem entscheidenden Unterschied: Die in den Farben schwarz-rot-gold gehaltene und in der
Mitte mit einem Adlerwappen versehene Bundesdienstflagge ist das
Symbol des demokratischen Staates. Die Flagge verweist auf die
nationalen Freiheitsbestrebungen des 19. Jahrhunderts. Im erfolgreichen Kampf der Reichswehr, das Symbol der Weimarer Republik *nicht* zu führen und sich stattdessen monarchischer Zeichen zu
bedienen, kam die antidemokratische Disposition dieser Armee
demonstrativ zum Ausdruck. In bewusster Abgrenzung von derartigen Traditionen trägt der Soldat der Bundeswehr die Farben der
Demokratie als nationales Erkennungszeichen auf seinen Uniform-
ärmeln oder als Kokarde an seiner Kopfbedeckung. Kann es ein
stärkeres Symbol geben, die Frage nach dem Sinn des Soldatentodes zu beantworten, als die Umhüllung des Sarges mit der schwarz-
rot-goldenen Flagge?

Ähnliches lässt sich auch für das Lied »Der gute Kamerad« festhalten, das Ludwig Uhland 1809 als Ausdruck eines militärischen
Totenkults in freiheitlicher Absicht gedichtet und Friedrich Silcher
1827 vertont hatte. Zwar wurde der Uhlandschen Idee sittlicher
Kameradschaft in Deutschland bis 1945 wenn überhaupt, dann nur
in dem kurzen politischen Frühling der preußischen Reformen und
der 1848er Revolution entsprochen.[16] Richtig ist auch, dass das Lied
im Kaiserreich und im Nationalsozialismus umgedeutet wurde, um
eine militaristische Gemeinschaftsideologie zu verbreiten und die
menschenverachtenden Zustände in der Armee zu beschönigen. Die
Soldatenseelsorge der dreißiger Jahre hatte daran einen nicht un-
wesentlichen Anteil; so stellte sie in Texten für Kasernenstunden
dieses »von der Treue über den Tod hinaus« berichtende Lied als
eine »Kraftquelle« vor, »die im Kriege oft zu heroischer Selbstver-

gessenheit befähigte«.[17] Die Kriegserfahrungen machten das Lied
für weite Kreise der bundesrepublikanischen Öffentlichkeit freilich
suspekt. Aber ist es wirklich so, dass die korrumpierende Verein-
nahmung des Liedes durch rechtsradikale Kreise »seine Wiederer-
weckung in freiheitlicher Absicht« unmöglich erscheinen lässt?[18]
Der für jeden Soldaten der Bundeswehr im Paragraf 12 des Soldatengesetzes verbindlich formulierte Auftrag lautet in der Form des
Eides, »das Recht und die Freiheit des deutschen Volkes tapfer zu
verteidigen«. Mit dieser auf die Werteordnung des Grundgesetzes
bezogenen Forderung fixiert das Soldatengesetz die Kameradschaft
als das zentrale Bindeglied der Streitkräfte: »Der Zusammenhalt der
Bundeswehr beruht wesentlich auf Kameradschaft. Sie verpflichtet
alle Soldaten, die Würde, die Ehre und die Rechte des Kameraden
zu achten und ihm in Not und Gefahr beizustehen. Das schließt
gegenseitige Anerkennung, Rücksicht und Achtung fremder An-
schauungen ein«. Wo käme die Idee guter Kameradschaft, die für
Uhland eine freiheitliche Normierung des Soldatenlebens zum Ziel
hatte, besser zum Ausdruck als in den Prinzipien der Inneren Führung und ihrem Leitbild des Staatsbürgers in Uniform, das den Soldaten als einen freien Menschen und vollwertigen Staatsbürger be-
greift? Folgt man dem Urteil des Politikwissenschaftlers Wilfried
von Bredow, dann zählen diese Grundsätze der Menschenführung
und des militärischen Alltagsbetriebes heute zu den »innovativsten
und kreativsten politischen Neuerungen der Bundesrepublik
Deutschland, in ihrer Bedeutung für das demokratische Selbstverständnis der Bundesrepublik Deutschland durchaus der Sozialen
Marktwirtschaft vergleichbar«.[19] Darüber hinaus fühlte sich Wolf
Graf von Baudissin, der geistige Vater der Inneren Führung, neben
den christlichen Werten auch jenen geistesgeschichtlichen Grundlagen verpflichtet, die Uhland zur Begründung der sittlichen Ideale
des Liedes vom Guten Kameraden gedient hatten: der Mündigkeits-
begriff der Aufklärung, der Mitleidsbegriff der Romantik und der
kritische Pragmatismus Immanuel Kants.[20] Insofern könnte es kein
passenderes Lied geben, um der Toten der Bundeswehr zu gedenken.

Traueransprachen und Deutungsleistungen

Welche Deutungen boten nun die Ansprachen bei militärischen Trauerfeiern der Bundeswehr an? Gibt es Muster der Sinnstiftung, die das *Wofür* des Soldatentodes auf die politischen Grundbedingungen der Bundesrepublik und auf den Auftrag der Bundeswehr projizieren? Finden sich Konstanten oder hat es Veränderungen gegeben, die der Transformation der Bundeswehr von einer Streitmacht für die Landesverteidigung zu einer weltweit operierenden Einsatzarmee geschuldet sind?

Hier sind jene Reden, die von Offizieren gehalten worden sind, von den Ansprachen der Verteidigungsminister zu unterscheiden. Dabei spielt es keine Rolle, ob die Trauerfeiern eher für eine militärische Teilöffentlichkeit bestimmt waren und kein größeres öffentliches Interesse hervorgerufen haben, oder ob sie medial transportiert wurden und eine gesellschaftliche Breitenwirkung entfalten konnten. Gemeinsam ist beiden die biographische Inszenierung des Verstorbenen; stets wurde die persönliche Beziehung zum Redner angesprochen, an seine Persönlichkeit und an Wendepunkte seines Lebens erinnert. Auch in der Grundfrage nach dem Verbleib des Toten gibt es kaum Unterschiede. Durch die Erinnerung werde er weiterleben in der Familie, im militärischen System, unter den Kameraden: »Ihnen gehört unser Mitgefühl und die Versicherung, dass wir Ihren Söhnen und Brüdern, unseren guten Kameraden immer ein treues Andenken bewahren werden«, wusste General Pemsel nach dem Iller-Unglück zu vermelden.[21] Verteidigungsminister Kai-Uwe von Hassel forderte 1964 nach einem Schießunglück auf dem Truppenübungsplatz Bergen-Hohne, bei dem zwei ausländische und sieben deutsche Soldaten ums Leben gekommen waren, dass das Andenken der Toten nicht nur in den Familien, sondern »im Kreise derer, die der Toten Kameraden waren« lebendig bleiben müsse.[22] Den Angehörigen zweier abgestürzter Piloten und zugleich »unserer Fliegerfamilie« versicherte 1965 der Fliegergeneral Johannes Steinhoff: »Dass beide, Major G. und Major W.[,] mit uns weiterleben werden«.[23] Der Kommandeur des Fallschirmjägerbataillons 261 versprach drei bei einem Einbruch in ein Munitionsdepot 1969 ermordeten Soldaten: »Die Soldaten des Standorts Lebach erweisen Euch, meine toten Kameraden, die letzte Ehre. Seid gewiß, wir vergessen Euch nicht«.[24] Prägnant beendete 1971 der Kommodore des Jagdgeschwaders 71 seine Ansprache für den abgestürzten

Flugzeugführer R.: »Du bist unvergessen«.[25] 1997 versprach der
Verteidigungsminister Volker Rühe anlässlich der Gedenkfeier für
die beim Absturz einer Transportmaschine über dem Südatlantik
ums Leben gekommenen Soldaten: »Die Bundeswehr wird ihnen
die Treue halten und dies auch sichtbar machen. Wir werden den
toten Frauen und Männern in unseren Herzen ein ehrendes Andenken bewahren«.[26] In ähnlichem Kontext äußerte sich Peter Struck
2003, als in Kabul mehrere Soldaten einem Anschlag zum Opfer
gefallen waren: »Wir verneigen uns in Trauer vor den Toten. Wir
werden ihnen ein ehrendes Andenken bewahren«.[27] Nahezu wort-
gleich sprach 2004 der Kommodore des Jagdbombergeschwaders
32 anlässlich der Trauerfeier für zwei abgestürzte Fliegeroffiziere:
»Hauptmann Z. und Major H., wir werden Euch ein ehrendes Andenken bewahren und verneigen uns in tiefer Trauer und Betrof-
fenheit«.[28] 2007 bemühte der Kommandeur der 1. Luftwaffendivision bei seiner Antwort auf den Verbleib eines wiederum bei einem
Flugunfall getöteten Piloten gar eine Figur der Zeitgeschichte: »Al-
bert Schweizer hat einmal festgestellt, das schönste Denkmal, dass
(sic!) ein Mensch bekommen könne, stehe im Herzen seiner Mitmenschen. Für die Luftwaffe stelle ich fest, dass wir Oberleutnant
Sch. einen solchen Platz in unserer Mitte bewahren werden«.[29]

Die Frage nach einem »Weiterleben« in der Gemeinschaft wurde zwar in allen Ansprachen mit dem Hinweis auf die positiven
Leistungen des Toten beantwortet.[30] Doch beim *Wofür* der Leistung weichen die Reden voneinander ab. In den Ansprachen der
Offiziere wurde der demokratische Rahmen des Auftrages der Bundeswehr gar nicht oder nur vereinzelt und in reduzierter Form he-
rausgestellt. Oftmals stand das Opfer für die militärische Gemeinschaft im Sinne einer zeitlosen soldatischen Pflichterfüllung im
Mittelpunkt. So habe 1964 der Pilot G. nach Ansicht des Kommo-
dores in Ausübung der soldatischen Pflicht den Fliegertod gefunden.[31] Für den General Steinhoff war im selben Jahr der Pilotenbe-
ruf gar einer der »männlichsten aller Berufe«, den eine »winzige
Gemeinschaft Gleichgesinnter« ausübe, die »nicht über den Terror
oder die Angst« sprechen. »Dann ist plötzlich der Platz neben einem leer – und die Pflicht verlangt, dass man weitermacht und sich
stets erneut überwindet«.[32] Selbst den militärischen Trauerrednern
schien die Soldatenpflicht als Deutungskategorie seit den sechziger
Jahren doch zu wenig, zumal sich die Biographie manches Toten
geradezu anbot, sie erinnerungspolitisch zu nutzen. So verwob der

Kommodore des Jagdgeschwaders 71 in seine Abschiedsrede für einen aus Berlin stammenden Piloten die soldatische Pflicht mit der Bedeutung des 17. Juni 1953.[33] In nur einem Fall verband 1971 ein Kommodore den Absturz eines Piloten mit dem politischen Auftrag der Streitkräfte: »L. wusste wohl, dass ein Volk nur Bestand haben kann, wenn sich seine Söhne zu Schutz und Verteidigung bereit finden«.[34] Allerdings schränkte er dies mit dem Fingerzeig ein, dass das Leben in einer Gemeinschaft nicht nur Rechte verleihe, sondern Pflichten auferlege. Die Rede endete höchst pathetisch: »Du bist nun eingekehrt in die große Gemeinschaft der toten Flieger aller Nationen, unter denen sich jene befinden, mit deren Namen die Begriffe von Menschlichkeit, Ritterlichkeit und Tapferkeit unlösbar verbunden sind«. Diese Beschwörung einer überzeitlichen und übernationalen Fliegergemeinschaft hatte mit der historischen Kriegsrealität indes nichts gemein. Die kritische Öffentlichkeit einer demokratischen Staatsbürgergesellschaft um 1970 konnte mit derartigen Sinnstiftungen, die das Militär als eine soziale Gruppe *sui generis* begriff, auch nichts mehr anfangen. In den Medien brachte sie ihr Unverständnis mit deutlichen Worten zum Ausdruck.[35]

Nun mag man einwenden, die Masse der Soldatengeneration eines Steinhoff, die bis in die siebziger Jahre zur Führungs- und Funktionselite der Bundeswehr zählte, habe sich aufgrund ihrer Sozialisation in der nationalsozialistischen Wehrmacht bestenfalls aus Vernunftgründen mit der demokratischen Bundeswehr und dem westdeutschen Staat arrangiert.[36] Schon wegen der Kontinuität der eigenen Biographie hielten sie zumeist am Konstrukt des überzeitlichen Soldatentums innerlich fest, zu dem die Vorstellung gehörte, dass der pflichtbewusste Dienst des Soldaten ein Wert an sich sei. Gleichwohl überrascht es doch sehr, wenn das *Wofür* des Soldatentods auch nach mehr als 50 Jahren demokratischer Entwicklung mit innermilitärischen Deutungsmustern unterlegt wird, die nur auf die Funktion des Betroffenen, auf seine Leistung im Kampf und sein Pflichtbewusstsein abheben. In diesem Sinne meinte etwa der Kommandeur der 1. Luftwaffendivision 2007 bei der Trauerfeier für einen abgestürzten Piloten: »Jederzeit vorbereitet, stets körperlich und geistig hoch leistungsfähig zu sein, das Waffensystem umfassend zu beherrschen und im Einsatzfall das Äußerste zu wagen, ist Kern des Auftrags der Besatzungen dieses Geschwaders. Wir trauern um einen Menschen, dem die Bereitschaft, sollte es erforderlich werden, im Kampfeinsatz sein Leben einzusetzen, Verpflichtung war«.[37] Solche Formulierungen erscheinen als Ausdruck eines kaum mehr zeitgemäßen soldatischen Selbstverständnisses. Oder sollte unter den gegenwärtigen Bedingungen einer Armee im Auslandseinsatz das Gegenteil der Fall sein, wenngleich es sich um einen Flugunfall im Friedensbetrieb gehandelt hat? Wurde hier das Bild eines archaisch anmutenden Kämpfers projiziert? Sollten die beständigen Warnungen eines Baudissin vor den Gefahren einer falschen Traditionsübernahme ohne Bezug zu den Werten der Freiheit, des Rechtsstaates und der Menschenwürde tatsächlich vergebens gewesen oder zumindest nicht mehr zeitgemäß sein?[38] Jedenfalls deutet der Befund darauf hin, dass sich innerhalb des militärischen Milieus trotz entgegengesetzter normativer Vorgaben und trotz ihrer Vermittlung in einer vielfältigen politischen Bildung offenbar traditionalistische Auffassungen gehalten haben oder gerade eine Renaissance erfahren. Dazu passen die mit einer entsprechenden Begrifflichkeit abgefassten Kommentare ehemaliger hoher Bundeswehroffiziere, die zur sogenannten Kriegsgeneration zählen und dem rechtskonservativen politischen Lager zugerechnet werden können.[39]

Im Unterschied zu den militärischen Funktionsträgern sind die politisch verantwortlichen Minister, ganz gleich welcher politischen Couleur, dem gesetzlich gebotenen demokratischen Wertebezug nicht ausgewichen. Kai Uwe von Hassel antwortete 1964 auf die Frage, wofür Soldaten bei einem Schießunglück gestorben seien: »Sie standen als Wächter in Reih und Glied an unserer Seite, jederzeit bereit, zur Wahrung des Friedens, zur Verteidigung der Freiheit alles, auch das Leben einzusetzen. [...] Bereit sein, den Frieden zu sichern, war die Lebensaufgabe dieser Männer, der Sinn des Soldatentums«.[40] Die 1969 getöteten Wachsoldaten von Lebach hatten Minister Gerhard Schröder zufolge »ihren Anteil an der Aufgabe und dem Auftrag aller Soldaten der Bundeswehr: das Recht zu schützen, die Freiheit zu sichern und den Frieden zu bewahren«.[41] In nahezu allen Traueransprachen der Verteidigungsminister finden sich die unveränderlichen Legitimationsgrundlagen des Einsatzes militärischer Gewalt, die in die Begriffe Frieden, Freiheit, Recht, Demokratie und Menschenwürde gegossenen sind. Diese Fundamente der westdeutschen Wiederbewaffnung gründen zum einen in der Abkehr vom Militarismus des 20. Jahrhunderts, der zu einer enormen Belastung des sozialen Lebens geführt hat und in der Aggression des Weltkriegs mündete; zum anderen in der Blockkonfrontation des Kalten Krieges als einer Auseinandersetzung zwischen Freiheit und Unterdrückung sowie in der Annahme einer beständigen, unmittelbaren militärischen Gefahr. Wenigstens aus gouvernementaler Perspektive lässt sich mit jenen Schlüsselbegriffen aber auch der Tod deutscher Soldaten deuten, der unter einer neuen Sicherheits- und Verteidigungspolitik nach dem Ende des Kalten Krieges beklagt werde musste. Paradigmatisch stehen hier die gleichartigen Ausführungen der Minister Struck und Jung nach dem Tod deutscher Soldaten 2003 und 2007 in Afghanistan. Beide betonten, dass die Männer für den Frieden und die Sicherheit gestorben seien.[42]

Die Deutungen des Soldatentodes nehmen spätestens seit dem Tod des Sanitätsfeldwebels Alexander Arndt im Rahmen einer UN-Mission 1993 in Kambodscha immer häufiger Bezug auf eine westliche Wertegemeinschaft – ohne freilich die nationalen Sicherheitsinteressen zu vernachlässigen.[43] Der Forderung, die Symbolisierung des Soldatentodes müsse sich ausschließlich auf den Bürger in Uniform beziehen (Manfred Hettling), ist vorbehaltlos zuzustimmen. Im Lichte der Praxis militärischer Trauerfeiern und der Ansprachen als ihrem Kern kann jedoch die Auffassung, ein demokratischer, militärischer Totenkult sei in der Bundesrepublik nie zu Stande gekommen, nicht vollumfänglich geteilt werden. Zwar sind vor allem innermilitärische Irritationen durchaus bedenklich, doch darf nicht übersehen werden, dass sich die verbale wie nonverbale Deutung des Soldatentodes sehr wohl auf den demokratischen Wertekanon des Staates und seiner Streitmacht bezog – zumindest auf der Ebene der politischen Leitung.

Anmerkungen

1 Manfred Hettling, Gefallenengedenken – aber wie?, in: Vorgänge 1 (2007), S. 66–75.
2 Ansgar Franz, Begräbnisliturgie oder Trauerfeier, in: Ansgar Franz u.a. (Hg.), Liturgie und Bestattungskultur, Trier 2006, S. 13–30, hier S. 25.
3 Wilfried von Bredow, Demokratie und Streitkräfte. Militär, Staat und Gesellschaft in der Bundesrepublik Deutschland, Wiesbaden 2000.
4 Markus Euskirchen, Militärrituale. Analyse und Kritik eines Herrschaftsinstruments, Köln 2005, S. 141.
5 Bundesarchiv-Militärarchiv (BA-MA), BW 1/21637, Presseerklärung 4.6.1957.
6 BA-MA, BH 1/2338, Manuskript, 6.6.1957.

7 Gerd Schmückle, Ohne Pauken und Trompeten. Erinnerungen an Krieg und Frieden, Stuttgart 1982, S. 151.

8 Archiv des Katholischen Militärbischofs, Berlin (AKMB), PA-MPfr 228, Bericht des katholischen Standortpfarrers Alois Krautwurst, 27.6.1957.

9 BA-MA, BH 1/2338, Bericht undatiert (1957).

10 Schmückle, Ohne Pauken, S. 151 f.

11 Gerhard Kümmel / Nina Leonhard, Death, the Military and Society Casulties and Civil-Military Relations in Germany (SOWI-Arbeitspapier 140, August 2005).

12 BA-MA, BH 1/2338, Bericht undatiert (1957).

13 Kümmel / Leonhard, Death, S. 25.

14 ARD-exclusiv, 3.1.2007: Heimkehr im Sarg. Familien trauern um Bundeswehrsoldaten, von Arndt Ginzel und Thomas Datt.

15 Hans-Peter Stein, Symbole und Zeremoniell in deutschen Streitkräften vom 18. bis zum 20. Jahrhundert, Herford 1984, S. 277.

16 Harm-Peer Zimmermann, Der gute Kamerad. Militärischer Totenkult in freiheitlicher Absicht, in: Torsten Fischer / Thomas Riis (Hg.), Tod und Trauer. Todeswahrnehmung und Trauerriten in Nordeuropa, Kiel 2006, S. 248–260, hier S. 256.

17 AKMB, Wehrmachtseelsorge 50, Erlebnis ist Aufgabe. Einige Gedanken zur Gefallenenehrung (undatiert, ca. 1935/39)

18 Zimmermann, Der gute Kamerad, S. 256.

19 Bredow, Demokratie und Streitkräfte, S. 112.

20 Eckart Hoffmann, Frieden in Freiheit. Philosophische Grundmotive im politischen Denken von Wolf Graf von Baudissin, in: Rudolf J. Schlaffer / Wolfgang Schmidt (Hg.), Wolf Graf von Baudissin 1907–1993. Modernisierer zwischen totalitärer Herrschaft und freiheitlicher Ordnung, München 2007, S. 81–99.

21 BA-MA, BH 1/2338, Manuskript, 6.6. 1957.

22 BA-MA, BW 1/21691, Manuskript, 13.4.1964.

23 Nachlass Steinhoff, Manuskript, 18.10.1965. Namen hier und im Folgenden gekürzt.

24 BA-MA, BW 1/25310, Manuskript, 23.1.1969.

25 Chronik Traditionsverband Jagdgeschwader 71, 1971.

26 BMVg, Presse- und Informationsamt, Rede, 25.9.1997.

27 BMVg, Presse- und Informationsamt, Rede, 10.6.2003.

28 Jagdbombergeschwader 32, Presseoffizier, Rede, 16.12.2004.

29 1. Luftwaffendivision, Presseoffizier, Rede, 16. 12. 2007.

30 Das zeigt ein Beispiel von 2004: »Als Fliegeroffizier hinterlässt er eine tadellose Berufsauffassung als Vermächtnis. Dank seiner Erfahrungen im Balkaneinsatz und bei der US Navy hat er unser Bewusstsein für eine einsatzbezogene Ausbildung geschärft. Seine Maßstäbe bleiben für uns Referenz, seine Ideen werden wir weiterverfolgen«; Jagdbombergeschwader 32, Presseoffizier, Rede, 16.12.2004.

31 Chronik Traditionsverband Jagdgeschwader 71, 1964.

32 Nachlass Steinhoff, Manuskript, 18.10.1965.

33 Chronik Traditionsverband Jagdgeschwader 71, 1965.

34 Chronik Traditionsverband Jagdgeschwader 71, 1971.

35 Vgl. etwa folgenden Leserbrief, abgedruckt in Chronik Traditionsverband Jagd-

geschwader 71, 1971: »Lassen Sie die großen Worte. Der Tod eines Bundeswehroffiziers unterscheidet sich in nichts von dem eines überfahrenen Bauarbeiters und ›an eine internationale Gemeinschaft toter Flieger‹ glaubt sicher außer Herrn Pieper auch kaum jemand.«

36 Klaus Naumann, Generale in der Demokratie. Generationsgeschichtliche Studie zur Bundeswehrelite, Hamburg 2007.
37 1. Luftwaffendivision, Presseoffizier, Rede, 16.12.2007.
38 Claus Freiherr von Rosen, Erfolg oder Scheitern der Inneren Führung aus Sicht von Wolf Graf von Baudissin, in: Schlaffer / Schmidt, Baudissin, S. 203–233.
39 Generalmajor a. D. Gerd-H. Komossa, Vom Sterben in Afghanistan, in: Soldat im Volk (2007), S. 171.
40 BA-MA, BW 1/21691, Manuskript, 13. 4. 1964.
41 BA-MA, BW 1/21319, Manuskript, 23. 1. 1969.
42 BMVg, Presse- und Informationsstab, Manuskript, 10. 6. 2003 und 19. 5. 2007.
43 Kümmel/Leonhard, Death, S. 19.

Religiöse Dimensionen
von Trauer und Opfer

Angelika Dörfler-Dierken

Der Tod des Soldaten als Opfer

Protestantische Traditionslinien

»Und dieses Opfer, meine Kameraden, ist ja etwas, das in jedem
von euch zu jeder Stunde und an jedem Ort ebenfalls gefordert
werden kann. [...] Vergesse er [der Soldat] nicht, dass zu den vor-
nehmsten Grundlagen des ganzen Soldatentums neben Kameradschaft und Pflichttreue vor allem die Opferbereitschaft immer ge-
golten hat. Es hat immer kühne Männer gegeben, die sich geopfert
haben, um etwas Größeres für die anderen zu erreichen.«[1] Dieser
Ausschnitt stammt aus einer Rede, die Hermann Göring am 30. Januar 1943 zum zehnten Jahrestag der »Machtergreifung« hielt; sie
wurde im Rundfunk übertragen und im *Völkischen Beobachter* gekürzt abgedruckt.

Anschaulich macht dieses Zitat, dass der Begriff »Opfer« in der
Geschichte der *kollektiven* Erinnerung im öffentlichen Raum wie
in der *kommunikativen* Erinnerung im privaten Kreise von Bedeutung ist. Ein Diskurs über Todesopfer wird im Allgemeinen von
Nachlebenden gepflegt, die dem Tod von Angehörigen und Mit-
bürgern Sinn abzugewinnen trachten. So versuchen sie, Kontingenz
zu bewältigen. Nach dem Zweiten Weltkrieg hat sich das Begriffs-
verständnis diametral gewandelt: Die »Opfergemeinschaft der Nachkriegszeit« entwickelte ein »kollektives Opferselbstbild«,[2] das als
»Viktimisierungsfalle«[3] dechiffriert worden ist.

Der deutsche Begriff »Opfer« wird in zweierlei Weise verwendet. Es handelt sich einerseits um das Opfer als *sacrificium* und andererseits um das Opfer als *victima*. Indem *sacrificium* durch *victima* aufgesogen wurde, sei die Differenz zwischen Tätern und Opfern
letztlich unerkennbar geworden. Wenn *sacrifice* und *victim* miteinander amalgamiert würden, könne im Opfermythos »Macht in

Ohnmacht, Aktivität in Passivität, Aggression in Verteidigung [verwandelt]« werden, so die Meinung der Forschung.[4]

Opfertod als Charakteristikum
des Soldatenberufs?

Die Verbindung von Soldat, Tod und Opfer ist im öffentlichen Bewusstsein fest verankert und hat auch für die soldatische Selbstdeutung eine beachtliche Bedeutung. Dem Heidelberger Soziologieprofessor Rainer M. Lepsius[5] zufolge wird das Militär zur gesellschaftlichen Subkultur durch die institutionalisierte Leitidee der individuellen Todesbereitschaft; zentraler Wertbezug der Soldaten sei die Verletzungs- oder Todesmöglichkeit in Ausübung beruflicher Pflichten wegen ihrer Bereitschaft zu organisierter Gewaltanwendung im Zuge gewalthafter Regelung staatlicher Außenbeziehungen. Die mentale Ausrichtung auf den Ernstfall von Tod, Töten und Getötet werden, fördere eine Haltung, die den eigenen Tod ständig antizipiere. Weil dieser Wertbezug individuell und gegenüber der gesellschaftlich-politischen Umwelt legitimiert werden müsse, entstehe der Mythos der Selbstaufopferung für die staatliche oder völkische Gemeinschaft. Ähnlich, aber noch pointierter, äußert sich Brigadier Edwin Miczewski: »Das zu Vermeidende [die Tötung anderer und der eigene Tod, ADD], daher Tabuisierte, wird also, wieder idealtypisch gesprochen, durch den Militär geradezu gesucht.« Der Tod bilde die »metaphysische Natur des Militärischen, die von ihrem Wesenskern her unveränderlich und eben in der Bewährung der Ausnahmesituation eines bewaffneten Konflikts zu sehen ist.«[6] Und, psychologisierend, fügt Miczewski hinzu: Die Haltung des sich dem Tode Auslieferns wird vom Soldaten im Falle des Überlebens als Genugtuung erfahren; Überleben gibt dem Soldaten ein Gefühl von Macht. Seinem Überlebenswillen stehe in seiner Psyche sein Opferwunsch gegenüber. So sei der Soldat letzten Endes ein Kämpfer wider den Tod. Seine Tätigkeit sei deshalb vergleichbar mit der eines Entwicklungshelfers oder Umweltschützers, der auch gegen den Tod ankämpfe – allerdings (so wäre einschränkend anzuführen) nicht gegen den eigenen.[7]

Grundgesetz und Soldatengesetz fordern kein Selbstopfer des Soldaten

Die Forderung, dass Bundeswehrsoldaten ihr Leben als Opfer darbringen sollen, ist nach dem Zweiten Weltkrieg suspekt geworden. Durch das Grundgesetz wurde das Leben des Individuums – also auch das Leben des Soldaten – zum höchsten Wert erklärt, den der Staat zu schützen hat, und die Verpflichtung zur friedlichen Koexistenz mit den Nachbarn ist in der Präambel der Verfassung der Bundesrepublik Deutschland verankert. Gelegentlich wird aus § 7 des Soldatengesetzes, der zu »Tapferkeit« und »treuem Dienen« verpflichtet, abgeleitet, dass Soldatinnen und Soldaten sich für diejenigen Interessen opfern müssen, welche die Bundesrepublik Deutschland durch den Einsatz der Bundeswehr im Ausland verfolgt. Dass das unzumutbar ist, sagt die einschlägige juristische Literatur.[8]

Zwar weiß auch der Jurist, dass die im Ausland eingesetzten Soldatinnen und Soldaten einem »gefahrengeneigteren« Bereich des öffentlichen Dienstes angehören als die meisten Polizeibeamten, Berufsfeuerwehrleute, Zöllner oder Zivildienstleistenden. Übersichten zur Gefährlichkeit von bestimmten Berufen zeigen aber, dass faktisch und statistisch Hausfrauen, Fensterputzer und Dachdecker ein viel höheres Risiko tragen, in Ausübung ihres Berufes zu Tode zu kommen. Ähnlichen Gefahren wie Soldaten im Auslandseinsatz setzen sich freiwillig und dienstlich bedingt auch Entwicklungshelfer, Zivildienstleistende, Politiker und Politikerinnen, Richter und Staatsanwälte aus – ganz zu schweigen von den Angestellten privater Sicherheitsanbieter.

Aus einer anderen Perspektive bestätigt der Militärsoziologe Paul Klein die Ansicht, dass der Beruf des Soldaten nicht vom Tod her bestimmt werden kann: »Mehr als drei Viertel aller Soldaten üben militärisch-technische Tätigkeiten in der Instandsetzung oder in der Bedienung von Geräten, die keine Waffen sind, aus. Sie übernehmen Versorgungsfunktionen, arbeiten in der Personal- und Materialverwaltung oder sind im Fernmelde-, Radar-, Sanitäts- oder Nachschubwesen tätig.«[9] Diese Soldatinnen und Soldaten sind nicht unbedingt gefährdeter als ihre Kolleginnen und Kollegen in der zivilen Berufswelt.

Entsprechend wird das Wortfeld: »Opfer erbringen« / »sich opfern« in der neuen »Zentralen Dienstvorschrift 10/1 Innere Führung. Selbstverständnis und Führungskultur der Bundeswehr« (2008) ebenso wenig verwendet wie in anderen offiziellen Verlautbarungen der Bundeswehr. Nur im Zusammenhang mit dem Gedenken an die »Opfer von Krieg und Gewaltherrschaft« taucht es auf. Daraus ergeben sich neue Fragen: Darf man sagen, dass Soldatinnen und Soldaten der Bundeswehr, die im Auslandseinsatz – etwa durch einen Sprengstoffanschlag – getötet wurden, passive Opfer, *victims,* terroristischer Aktivitäten sind? Machen das deutsche Parlament und damit letztlich die deutsche Gesellschaft Soldaten zum *victim* oder zum *sacrifice*? Und was sind diejenigen Soldaten, die zur Verteidigung ihres Lagers oder bei Patrouillen Menschen töten und dabei vielleicht auch selbst getötet werden?

So sehr das Zitat aus Görings Rede 1943 deutlich gemacht hat, dass die Opferrhetorik vergangener Zeiten keinen Anhalt mehr an den Wahrnehmungen und Befindlichkeiten der Gegenwart hat, so schwierig ist gleichwohl die Antwort auf die Frage nach dem Opfertod von Soldatinnen und Soldaten geblieben. Deshalb wird im Folgenden eine geistesgeschichtliche Annäherung versucht, die klären soll, wie es, insbesondere im Protestantismus, zu der Vorstellung des Soldatentodes als Opfer kam und dazu, Bereitschaft zur Selbstopferung von Soldaten zu fordern. Diese Frage kann hier allerdings nur mit einigen Schlaglichtern beleuchtet werden.

Die Kreuzigung Jesu Christi als Ursprungsopfer in der christlichen Theologie

In allen Religionen gibt es Opferhandlungen (*sacrificia*); häufig gab es in früheren Zeiten auch religiös begründete Menschenopfer.[10] Das Christentum basiert auf einem Menschenopfer, das zugleich das Selbstopfer Gottes ist. Die Gottesopferung wird sonntäglich im Gottesdienst im Abendmahl memoriert und im Glauben angeeignet. Im Sakrament des Heiligen Mahles am Altar wird sie szenisch und sprachlich vergegenwärtigt: Der Geopferte bietet seinen Leib und sein Blut dar: »gegeben« beziehungsweise »vergossen« für die Sünden der Mahlteilnehmer und der ganzen Welt. Geopfert hat sich demnach Einer für alle; weitere menschliche Opfer sind überflüssig. Diese gedankliche Bewegung – von dem einen Selbstopfer Gottes in Jesus Christus hin zu Beistand für die Opfer und Kritik aller

Verhältnisse wie Taten, die Menschen zu Opfern machen – ist in der gegenwärtigen protestantischen Theologie Gemeingut.[11]

Neben diesem Gedanken der Überwindung jedweden weiteren Opfers steht – ebenfalls vorgebildet in der Geschichte Jesu Christi – die Vorstellung, dass sein Leben beispielgebend für das Leben seiner Anhänger sei (*exemplum*), sie zur Nachfolge (*imitatio*) motiviere und dazu befähige, sich bis zur Selbstaufopferung helfend den Mitmenschen zuzuwenden. Wie Jesus anderen Menschen dienen, mit Jesus sterben und mit ihm ewig leben: Das ist eine zweite theologische Linie, die eine positive Würdigung des Selbstopfers erlaubt. Beispielhaft sei an den evangelischen Pfarrer Dietrich Bonhoeffer erinnert, der als Widerständler gegen Hitler am 8. April 1945 im Konzentrationslager Flossenbürg ermordet wurde. Er fühlte sich im Leben vom Tode umfangen und war überzeugt davon, dass das eigentliche, das ewige Leben, nach einem kurzen Durchgang durch das irdische Jammertal beginnt.

> »Tod.
>
> Komm nun, höchstes Fest auf dem Wege zur ewigen Freiheit,
>
> Tod, leg nieder beschwerliche Ketten und Mauern
>
> Unsres vergänglichen Leibes und unsrer verblendeten Seele, dass wir endlich erblicken,
>
> was hier uns zu sehen mißgönnt ist.
>
> Freiheit, dich suchten wir lange in Zucht und in Tat und in Leiden.
>
> Sterbend erkennen wir nun im Angesicht Gottes dich selbst.«[12]

Bonhoeffer macht deutlich, dass Nachfolge Christi bedeutet, Verantwortung für andere zu übernehmen und somit zu deren Stellvertreter zu werden: »Stellvertretung und also Verantwortlichkeit gibt es nur in der vollkommenen Hingabe des eigenen Lebens an den anderen Menschen. Nur der Selbstlose lebt verantwortlich, und das hieß, nur der Selbstlose *lebt*.«[13] Solche Opfertaten sind nicht als gutes Werk, als Leistung und Vermögen des Menschen, für das Lohn zu beanspruchen ist, zu denken.

Im Unterschied zur kirchlich-theologischen bleibt die alltägliche Rede vom Opfer gegenwärtig einigermaßen blass. Verkehrstote gelten ebenso als Opfer wie Tote infolge von Hungerkatastrophen. Die Allgegenwärtigkeit der *victimae* verdunkelt den kritischen Impuls, der in der theologischen Rede vom Opfer lag. So wird Krankenschwestern und Ärzten, die sich in ihrem Beruf aufopfern, eher ein Helfersyndrom bescheinigt, als dass ihr Selbstopfer an Energie und Kraft positiv gewürdigt würde. Noch nicht einmal die Opfer, die Eltern für ihre Kinder erbringen – und der Prozess der biologischen Rekreation in der Generationenfolge ist mit vielen freiwillig ertragenen Selbsteinschränkungen und Erfahrungen des Absterbens, mit vielen Opfern also, verbunden – werden in der öffentlichen Rede anerkannt und gewürdigt. Entsprechendes gilt für Entwicklungshelfer ebenso wie für Soldaten.

Wie kam es zur missbräuchlichen Rede vom Soldatentod in der protestantischen Tradition?

Zum Teil bereits im Spätpietismus, spätestens von den Befreiungskriegen an, pflegten Theologen und Feldprediger die Opferrhetorik, um Soldaten zur Zustimmung zu dem auf dem Schlachtfeld erzwungenen Tod zu bewegen, häufig in eklatantem Unterschied zu den Selbstdeutungen der Soldaten.[14] Ihren Höhepunkt erreichte die Instrumentalisierung des christlichen Zentralbegriffs »Opfer« in der ersten Hälfte des 20. Jahrhunderts.

Welche Entwicklungslinien waren für Deutschland besonders bedeutsam? In Martin Luthers (1483–1546) Schriften taucht der Begriff »Opfer« in Zusammenhang mit dem Tun des Soldaten nicht auf. Soldaten sollen dem Nächsten dienen, die Schwachen schützen und die Ordnung verteidigen. Werden gewissensgeleitete Kriegsleute getötet, »so sind sie nicht allein Christen, sondern auch gehorsame, treue Untertanen gewesen, die Leib und Gut im Gehorsam gegenüber Gott für ihre Oberherren eingesetzt haben.«[15] Luther weiß, dass ein Soldat in Ausübung seines Amtes zu Tode kommen kann – das entspricht Gottes unermesslichem Ratschluss.[16] Der Tote steht dann wie jeder andere Christ vor Gott; besonderer Ehrenbezeugungen durch die Obrigkeit bedarf es nicht.

August Hermann Francke (1663–1727) wollte den Soldaten die Erfüllung ihrer Pflichten zum inneren Bedürfnis werden lassen. Dafür konzipierte der Hallesche Pietist ein Soldatenbüchlein mit dem Titel »Treuherziger Unterricht für christliche Kriegsleute, wie sie sich der wahren Gottseligkeit und rechtschaffenen Tapferkeit gemäß verhalten sollen« (1700).[17] Unter Friedrich II., dem Großen, wurde dem Soldaten eingeprägt, dass er für Gott und den König stirbt: »[D]er Soldat ist zu jeglicher Zeit für seinen König zu sterben bereit. [...U]nser König, der versorgt uns alle gut, drum lassen wir für ihn den letzten Tropfen Blut.«[18] Trotz solch hehrer Dichtungen gab es auch im preußischen Heer Massendesertionen, weshalb der Grundsatz galt, Mannschaften müssten die Offiziere mehr fürchten als den Feind. Auffällig ist jedenfalls, dass nicht nur Analogien zwischen spätpietistischen und patriotischen Formulierungen bestehen, sondern dass umfangreiche religiöse Vorstellungskreise in das entstehende Nationalgefühl einströmten: Der Staat wurde zur Heilsanstalt, die mystische Teilhabe erlaubte; patriotischer Dienst wurde zum Gottesdienst; der sterbende Krieger erlöste das Vaterland wie der sterbende Christus die Gemeinde.[19]

»Vom Tode für das Vaterland« titelte dann der studierte Theologe, Philosophie- und Mathematikprofessor Thomas Abbt (1738–1766). Er behauptete: »Das Vaterland hat ein Recht auf dein Leben«.[20] Gefolgschaft aus Verehrung und Gemeinschaftsgefühl, wie sie Friedrich II. entgegengebracht worden war, wurde jetzt transformiert in Gefolgschaft gegenüber dem weit abstrakteren Begriff Vaterland. Abbt ging es in seiner Schrift darum, die Identifikation der Bürger mit dem preußischen Staat zu fördern – und für sich eine Anstellung in Preußen zu erlangen.

Ernst Moritz Arndt (1769–1860) verband dann den Befreiungskrieg und die Gesellschaftsreform dergestalt miteinander, dass die Bürger »im heiligen Soldatenstand« dem Vaterland gerne ihr Leben »zum Opfer bringen«.[21] Patriotismus wurde zur Religion der Zeit; die nationale Gemeinschaft wurde zur christlichen umgedeutet, und statt Jesus Christus regierte in dieser Gemeinde ein in Analogie zum alttestamentlichen Jahwe gezeichneter nationaler Kriegsgott. Der Soldatentod erfuhr eine gewissermaßen sakrale Weihe, der Kämpfer im heiligen Krieg wurde zum Märtyrer umgedeutet: »Durch ein tapfres Sterben / Wollen wir erwerben / Deine Siegeskrone.«[22] Zugleich wurden die Nachkommen in die Pflicht genommen, sich dieses Opfers würdig zu erweisen. An solche nationalreligiösen Vorstellungen wurde dann so lange weiter angeknüpft, bis der Bogen überspannt war.

Es ist offensichtlich, dass die Auflösung der überkommenen Sozialethik im 18. und 19. Jahrhundert Anpassungen im Bereich der Individualethik forderte: Der Nationalstaat konnte nur deshalb mit Zustimmung der Gesellschaft seine Soldaten instrumentalisieren, weil diesen ein höherer, »himmlischer« Lohn versprochen wurde. Die Rhetorik der protestantischen Theologen änderte sich auch im

Ersten Weltkrieg nicht grundlegend. Bei Kriegsbeginn im August 1914 wurden etwa 50.000 Kriegsgedichte im Tagesdurchschnitt (!) geschrieben.[23] »Deutschland muß leben, und wenn wir sterben müssen« – formulierte beispielsweise Heinrich Lersch (1889–1936).[24]

Säkularisierung und Nationalisierung des Opfergedankens erlebten im Zweiten Weltkrieg ihren Höhe- und Umschlagspunkt.[25] 1945 fand die Tradition der Glorifizierung des Soldatentodes als Opfer für Volk und Vaterland ihr Ende; die Forderung neuer soldatischer Selbstopfer war absurd geworden. Soldaten sind seitdem – wie die Gesellschaften, in denen sie leben – »postheroisch«, skeptisch gegenüber der Forderung nach Selbstopferung.[26]

Trotzdem: Freiheitlich-demokratische Gesellschaften bedürfen des Opfers vieler Einzelner. Ein jeder Bürger wird dieses erbringen, wenn es ihm selbst sinnvoll und notwendig erscheint. Ein solches, gelegentlich nötiges Opfer unterscheidet sich vom erzwungenen Opfer durch seine absolute Freiwilligkeit. Soldatinnen und Soldaten können in der Gefahr umkommen, in die sie sich begeben – ebenso wie Bürgerinnen und Bürger ohne Uniform. Der öffentliche Streit um das Gedenken an die Selbstopfer von Soldatinnen und Soldaten erinnert Politik wie Gesellschaft – und die Soldatinnen und Soldaten selbst – daran, dass das Opfer des eigenen Lebens nicht befohlen werden kann.

Anmerkungen

1   Zitiert nach Peter Krüger: Etzels Halle und Stalingrad. Die Rede Görings vom 30. 1. 1943, in: Joachim Heinzle / Anneliese Waldschmidt (Hg.), Die Nibelungen. Ein deutscher Wahn, ein deutscher Alptraum Studien und Dokumente zur Rezeption des Nibelungenstoffs im 19. und 20. Jahrhundert, Frankfurt/M. 1991, S. 151–190, hier S. 181. Vergleichende Untersuchungen europäischer Perspektiven zum Opfertod von Soldaten in Predigt, politischer Sprache und soldatischer Selbstdeutung liegen ebenso wenig vor wie Studien aus dem Blickwinkel von Militärethik und -seelsorge.
2   Peter Reichel, Helden und Opfer. Zwischen Pietät und Politik. Die Toten der Kriege und der Gewaltherrschaft in Deutschland im 20. Jahrhundert, in: Michael Greven / Oliver von Wrochem (Hg.), Der Krieg in der Nachkriegszeit. Der Zweite Weltkrieg in Politik und Gesellschaft der Bundesrepublik. Opladen 2000, S. 167–182, hier S. 176 f.
3   Thomas Kühne, Die Viktimisierungsfalle. Wehrmachtsverbrechen, Geschichtswissenschaft und symbolische Ordnung des Militärs, in: Greven / Wrochem (Hg.), Krieg in Nachkriegszeit, S. 183–196.

4 Ebd., S. 186.

5 Rainer M. Lepsius, Militärwesen und zivile Gesellschaft, in: Ute Frevert (Hg.), Militär und Gesellschaft im 19. und 20. Jahrhundert, Stuttgart 1997, S. 359–370, hier S. 366.

6 Edwin R. Miczewski, Tod und Tabu. Das Ethos des Soldaten und die Todesfrage, in: Ders. (Hg.), Tod und Tabu. Das Ethos des Soldaten und die Todesfrage, Wien 1999, S. 4.

7 Ebd., S. 5–7.

8 Dieter Walz, Die Besonderheiten des gesetzlichen Status des Soldaten, in: Sven Bernhard Gareis / Paul Klein (Hg.), Handbuch Militär und Sozialwissenschaft. Wiesbaden 2004, S. 440–450, hier S. 444. Vgl. auch Dieter Walz u.a., Soldatengesetz. Kommentar, Heidelberg 2006, S. 117.9 zu § 7. Vgl. auch ebd. die weitere Auslegung zu § 7, S. 118–125. Uwe Hartmann, Innere Führung. Erfolge und Defizite der Führungsphilosophie für die Bundeswehr, Berlin 2007, S. 140 f. stellt fest, dass die Bundeswehr nicht dazu erziehen dürfe, soldatisches Leben als Opfergang vorzuleben.

9 Paul Klein, Soldat und ziviler Beruf, in: Gareis / Ders., Handbuch, S. 160–167, hier S. 161.

10 Christoph Auffahrt, Braucht Gott ein Opfer? Opferpraxis und Opferkritik in der griechischen Religionsgeschichte, in: Dietrich Neuhaus (Hg.), Das Opfer. Religionsgeschichtliche, theologische und politische Aspekte, Frankfurt/M. 1998, S. 11–32.

11 Joachim Track, Das Opfer am Ende. Eine kritische Analyse zum Opferverständnis in der christlichen Theologie, in: Richard Riess (Hg.), Abschied von der Schuld? Zur Anthropologie und Theologie von Schuldbekenntnis, Opfer und Versöhnung. Stuttgart 1996, S. 140–167; Hans-Martin Gutmann, Die tödlichen Spiele der Erwachsenen, Freiburg i.Br. 1995.

12 Dietrich Bonhoeffer, Ethik. Zusammengestellt und hg. v. Eberhard Bethge. München [2]1953, Motto hinter dem Deckblatt.

13 Ebd., S. 175, Hervorhebung im Orig.

14 Klaus Latzel, Deutsche Soldaten – nationalsozialistischer Krieg? Kriegserlebnis – Kriegserfahrung 1939–1945, Paderborn 1998, S. 25.

15 Martin Luther, Heerpredigt wider die Türken. (1529). In: WA 30.2, S.160–197, hier S. 180, Z. 10–13 (Zitat von Verf. modernisiert).

16 Volker Stümke, Das Friedensverständnis Martin Luthers. Grundlagen und Anwendungsbereiche seiner politischen Ethik, Stuttgart 2007.

17 Carl Hinrichs, Pietismus und Militarismus im alten Preußen, in: Ders., Preußentum und Pietismus. Der Pietismus in Brandenburg-Preußen als religiös-soziale Reformbewegung, Göttingen 1971, S. 126–173; Thomas Müller-Bahlke (Hg.), Gott zur Ehr und zu des Landes Besten. Die Franckeschen Stiftungen und Preußen. Aspekte einer alten Allianz, Halle 2001; Michael Kaiser / Stefan Kroll (Hg.), Militär und Religiosität in der Frühen Neuzeit. Münster 2004.

18 Klaus Latzel, Vom Sterben im Krieg. Wandlungen in der Einstellung zum Soldatentod vom Siebenjährigen Krieg bis zum 2. Weltkrieg. Warendorf 1988, S. 27.

19 Gerhard Kaiser, Pietismus und Patriotismus im literarischen Deutschland. Ein Beitrag zum Problem der Säkularisation, Frankfurt/M. [2]1973, insbesondere S. 224–241.

20 Zitiert nach Latzel, Sterben, S. 21.
21 Ebd,, S. 34.
22 Ebd., S. 37.
23 Ebd., S. 57.
24 Ebd.
25 Man hat inzwischen den Nationalismus des 19. und 20. Jahrhunderts selbst als Religion beschrieben. Den Forschungsstand referiert Michael Geyer, Religion und Nation. Eine unbewältigte Geschichte, in: Ders. / Hartmut Lehmann (Hg.), Religion und Nation. Beiträge zu einer unbewältigten Geschichte, Göttingen 2004, S. 11–32.
26 Eindrücklich wird der Wandel beschrieben von Wolfram Wette, Mentalitätswandel in Deutschland. Vom Militarismus zur zivilen Gesellschaft, in: Ralph-M. Luedtke / Peter Strutynski (Hg.), Neue Kriege in Sicht. Menschenrechte, Konfliktherde, Interessen, Kassel 2006, S. 43–57.

Thomas R. Elßner

Der Tod kennt keine Uniform

Bemerkungen und Beobachtungen
eines Seelsorgers

Schatten der Geschichte und Neuanfang

Macht man sich heute in Deutschland Gedanken darüber, wie im
öffentlichen Raum der Soldatinnen und Soldaten der Bundeswehr
zu gedenken sei, die ihr Leben in der Dienstzeit im Inland oder
Ausland verloren haben, stellen sich mir als Theologen und Seelsorger Fragen, welche auch durch die deutsche Geschichte der letzten einhundert Jahre mitbestimmt werden. Dieser Blick in die Vergangenheit ist nicht unbelastet: Im kollektiven Gedächtnis sind vor
allem in Bezug auf das zeitliche Umfeld des Ersten, aber auch des
Zweiten Weltkrieges kirchliche Äußerungen mit religiösen Überhöhungen und Verbrämungen des Soldatentodes als höchst problematisch haften geblieben. Die Frage, wofür der Soldat sein Leben auf dem Schlachtfeld hingibt, ist nur zu oft mit der Formel »für
Gott und Vaterland« beantwortet worden. Eine solche Interpretation hat sich nicht nur angesichts der Not und des Elends zweier
Weltkriege als Verirrung erwiesen.

»Die Bundeswehr ist die erste deutsche Armee, die in einen bestehenden freiheitlichen demokratischen Rechtsstaat hinein geschaffen wurde.«[1] Die so genannte Wiederbewaffnung erfolgte 1955 in
der Zeit des Kalten Krieges. Auch wenn sie nach dem Zweiten Weltkrieg in weiten Teilen der Bevölkerung umstritten war, bestand
wenige Jahre später weitgehende Einigkeit darüber, dass Bundeswehrsoldaten die Bundesrepublik gegen Angreifer verteidigen sollten. An Auslandseinsätze dachte bis 1989/90 niemand. Bundeswehrsoldaten versahen in der Regel im Inland ihren Dienst. Wenn es
während der Dienstzeit zu einem Todesfall kam, handelte es sich

meist um einen Unfall. Der Soldat wurde dann in der Regel auch in Begleitung eines Militärgeistlichen zu Grabe getragen.

Sieht man sich beispielsweise das Sonderheft »Militärseelsorge« der Schriftenreihe Innere Führung aus dem Jahr 1976 an, so werden unter der Überschrift »Todesfälle von Soldaten« auf einer knappen Seite lediglich Hinweise gegeben, wie eine Todesnachricht überbracht und eine Beerdigung durchgeführt werden sollte.[2] Von einem »Gedenken« ist in diesem Zusammenhang nicht die Rede. Das damalige Gesangbuch für katholische Soldaten bietet für Trauerandachten nur vier Lieder an.[3] Sie verleihen der Trauer Ausdruck, charakterisieren aber auch den Tod als bitter.

Nach dem Ende des Kalten Krieges und der Wiedervereinigung Deutschlands dauerte es nicht lange, bis sich die Bundeswehr an Auslandseinsätzen nahezu weltweit beteiligte. Fast von Anfang an gingen Militärseelsorgerinnen und Militärseelsorger mit den Soldaten und Soldatinnen in die Einsätze. Anders als zuvor wurde man sich immer mehr bewusst, dass der Tod ein ständiger Begleiter ist. Zwar gab es immer wieder tödliche Unfälle, aber ein Todesfall während eines Auslandseinsatzes besitzt für die meisten Menschen eine deutlich andere Qualität. Auch wenn man es sich nicht eingestehen mag: Ein solcher Tod wird immer mit einem militärischen Eingreifen assoziiert. Vor diesem Hintergrund stellen sich konkrete Fragen: Wofür setzt der Bundeswehrsoldat sein eigenes Leben ein, über das andere aufgrund ihres politischen Mandats verfügen und wie kann heutzutage gestorbener und getöteter[4] Soldatinnen und Soldaten der Bundeswehr in angemessener Form gedacht werden?

Einen ersten Hinweis enthält das Arbeitspapier des Zentrums Innere Führung »Umgang mit Tod und Verwundung im Einsatz« aus dem Jahr 1996. Am Ende der Broschüre finden sich unter der Überschrift »Gestaltung eines Nachrufs bzw. einer Grabrede«[5] Vorschläge in Form von Textbausteinen, die sich auf eine »Würdigung der Persönlichkeit des Verstorbenen«, auf Kameradschaft und Freundschaft sowie auf ein »Spenden von Trost für die Angehörigen« konzentrieren. Offen bleibt, wie dies überzeugend geschehen kann. Aus den inhaltlichen Angeboten für die Gestaltung eines Nachrufs ist der Vorschlag »Unauslöschbar in der Erinnerung«[6] hervorzuheben, der ein urmenschliches Bedürfnis widerspiegelt. Die Frage nach dem *Wofür* spart die Broschüre dagegen aus.

Kirchliches Trauergedenken in Auslandseinsätzen

Versuch einer Annäherung

Als 2007 wieder »Zinksärge« mit ums Leben gekommenen Bundeswehrsoldaten in Deutschland eintrafen, gestalteten Militärgeistliche der evangelischen und katholischen Kirche einen Teil der staatlich angeordneten Trauerfeiern maßgeblich mit. In solchen Zusammenhängen stellt sich auch den Kirchen, insbesondere der Militärseelsorge, die Frage, wie der getöteten Soldaten angemessen zu gedenken sei. Freilich fangen beide großen Kirchen nicht bei Null an, wenngleich es in Deutschland mittlerweile eine vielfältige Trauerkultur gibt und die Zugehörigkeit zu einer Kirche nicht mehr selbstverständlich ist. Militärseelsorgerinnen und -seelsorger sind auf Todesfälle bei Auslandseinsätzen vorbereitet. Sie haben liturgische Bücher, Texte und Lieder[7] im Gepäck, die bei der Gestaltung einer Trauerfeier verwendet werden. Sieht man von jenen liturgischen Publikationen ab, die in so genannten Zivilgemeinden bei Trauergottesdiensten im Gebrauch sind (und in allen Dienststellen der Katholischen Militärseelsorge parat liegen), gestalten Militärseelsorger bei militärisch angeordneten Trauer- und Gedenkfeiern[8], zu denen sie ebenfalls in der Regel hinzugezogen werden, ihren Part anlass- und situationsgerecht. Denn das Besondere besteht nicht nur im Einsatz darin, dass Militärangehörige und Militärseelsorger solche Gedenk- und Trauerfeiern meistens gemeinsam gestalten. Dafür gibt es weder ein kirchliches Rituale noch eine kirchliche Text- und Liedersammlung.[9] Die Gebete, Texte und Lieder werden in der Regel dem allgemeinkirchlichen Beerdigungsrituale,[10] dem »Katholische(n) Gebet- und Gesangbuch für die Soldatinnen und Soldaten in der Deutschen Bundeswehr«[11] oder anderen kirchlichen Gesangbüchern entnommen.[12]

Trauergottesdienste selbst unterliegen allein einer kirchlichen Ordnung, für deren Einhaltung sich Militärseelsorger und -seelsorgerinnen verantwortlich zeichnen. In einigen Einsatzgebieten wird der Toten an einem Gedenkstein gedacht, der auf die Initiative von Soldaten hin errichtet wurde.[13] So wird der Gedenkstein im Camp Warehouse in Kabul mit der Aufschrift »Den Toten zu Ehren« von einer Mauer mit Gedenktafeln gerahmt, auf denen die Inschriften in Englisch ausgeführt sind.[14] Auf diesen mit der Überschrift »In Remembrance of« versehenen Tafeln gibt am Schluss, nachdem Dienstgrad, Vor- und Zunamen, Geburtsdatum und Todestag genannt sind, ein Satz recht sachlich Auskunft darüber, in wessen Dienst die Soldaten ihr Leben verloren haben: »in the service of the Federal Republic of Germany«.

Anschläge auf Bundeswehrsoldaten sind auch für die Militärseelsorge ein sensibles Thema, wenngleich bislang die meisten der rund siebzig Todesfälle bei Auslandseinsätzen nicht auf Anschläge zurückzuführen sind. Während man bei tödlich verlaufenen Krankheiten im Einsatz medizinische Gesichtspunkte als Erklärung angeben und bei Unfällen von »menschlichem Versagen« oder »Nichtbeachtung der Dienstvorschriften« sprechen kann, verursachen feindliche Anschläge ein Deutungsvakuum: *Wofür?* Untersucht man beispielsweise Andachtsmanuskripte auf den Umgang mit den 2007 in Afghanistan durch Anschläge getöteten Soldaten, spürt man in dieser Frage Zurückhaltung. So wurde wenige Tage nach dem Attentat in Kunduz am 19. Mai 2007 in einer Andacht davon gesprochen, dass jene Soldaten in der Ausübung des Dienstes für die Bundesrepublik Deutschland gestorben seien. Dieser Erklärungsversuch deckt sich mit der Erläuterung auf den Gedenktafeln im Camp Warehouse. Der für die Gedenkstunde aus dem Soldaten-Gesangbuch ausgewählte Psalm 142 mit der Überschrift »Hilferuf in schwerer Bedrängnis« lässt sich als ein Psalm der Klage kennzeichnen. Als dann im Juli 2007 eine Gedenktafel auf dem Internationalen Friedhof in Kabul enthüllt wurde, war vor allem von Schmerz, Leid, Zerbrechen, grausamen Ereignissen, aber auch von kameradschaftlicher Verbundenheit und von Gedenken und Erinnerung die Rede. Betont wurde, dass das Gedenken nicht flüchtig bleibe, da es zum Stein werde, »der die Namen unserer Kameraden trägt«. Mit diesem Stein ist jene Gedenktafel gemeint, auf der die Namen der Soldaten stehen. Als Antwort auf die Frage, wofür die Soldaten ihr Leben verloren haben, bot die Andacht die Deutung an, dass sie »sich für dieses Land und die Menschen eingesetzt haben durch ihren Dienst.« Das heißt, auch für Afghanistan und für seine Menschen haben die Soldaten ihr Leben verloren. Nach einem Text aus dem Buch Ezechiel, der das Öffnen der Gräber betont, wurde mit dem Lied »Bewahre uns, Gott, behüte uns, Gott« (Nr. 255) der Blick wieder auf die zur Andacht Versammelten gelenkt.

Die militärische Trauerfeier auf dem Flughafen Köln-Bonn am 23. Mai 2007 beinhaltete sowohl militärische als auch religiöse Traueranteile. Hier ist zu bedenken, dass die Angehörigen zuvor keine

Gelegenheit gehabt hatten, in einem kleineren Kreis am Sarg um ihre Toten zu trauern. Der Ablauf der Trauerfeier gestaltete sich wie folgt. Dem Lied »Wir sind nur Gast auf Erden« (Nr. 254) und dem Gedenkwort eines Militärseelsorgers folgte eine kurze Ansprache des Bundesministers der Verteidigung, an die sich »Air« aus der Ouvertüre der Orchestersuite Nr. 3 D-dur von J. S. Bach anschloss (BWV 1068). Danach wurde ein Gebet gesprochen, die beiden Militärbischöfe segneten die Toten (Aussegnung)[15] und man betete gemeinsam das Vaterunser. Im Anschluss erklang die Nationalhymne und, während die Särge herausgefahren wurden, das Lied »Ich hatt′ einen Kameraden«. Die Ansprache des Verteidigungsministers enthielt ein zweifaches Angebot der Deutung des Soldatentods: »Sie sind ums Leben gekommen, weil sie sich aktiv für eine bessere und friedlichere Zukunft Afghanistans eingesetzt und damit zur Sicherheit unseres eigenen Landes beigetragen haben«, hieß es zum einen. Zum anderen unterstrich der Minister: »Sie haben dafür [für den Frieden in der Welt, ThRE] durch diesen hinterhältigen Anschlag ihr Leben lassen müssen, aber sie haben es für die Sicherheit und eine friedliche Entwicklung des afghanischen Volkes und für unsere Sicherheit gegeben.«[16] Aus Sicht des Verteidigungsministers sind daher die Soldaten für den Weltfrieden, den Aufbau Afghanistans und letztlich für die Sicherheit Deutschlands ums Leben gekommen – durch den Hinterhalt anderer.

In Auslandseinsätzen sterben Soldatinnen und Soldaten durch Krankheiten, Unfälle und Anschläge. Doch es gibt immer wieder Fälle, in denen sie ihrem Leben selbst ein Ende setzen. Wie wird ihrer gedacht? Wofür haben sie ihr Leben verloren? Sicher, die Gründe für einen Suizid sind verschieden, aber man würde es sich zu leicht machen, die Ursachen einzig im privaten Bereich orten zu wollen. Mitunter führt ein Auslandseinsatz zur Trennung vom Lebenspartner. Die Ohnmacht, aus dem Einsatzland heraus nicht unmittelbar reagieren zu können, verstärkt das Gefühl des Verlusts. Ein Soldat oder eine Soldatin sieht dann vielleicht einen Suizid als den letzten Ausweg aus einer Lebenskrise an. Gewiss, im Einsatzland wird auch um diese Soldaten im Kameradenkreis getrauert und in einer Andacht ihrer würdevoll gedacht. Doch auf dem Flughafen Köln-Bonn wird der Sarg nahezu unbeachtet entgegengenommen.

Wofür?

Die geradezu dornige Frage, wofür deutsche Soldaten und Soldatinnen ihr Leben riskieren, lässt sich, wenn man ehrlich ist, nicht mit einem Wort beantworten. Im Gegensatz zu den Soldaten früherer deutscher Armeen können Bundeswehrsoldaten für sich in Anspruch nehmen, dass sie sich im Rahmen der *Rules of Engagement* und punktuell darüber hinaus gewaltbewehrt für erträglichere Verhältnisse einsetzen, damit die Menschen in dem jeweiligen Land ein menschenwürdiges Leben führen können. Vereinfacht und vielleicht verkürzt könnte man sagen: Bundeswehrsoldaten setzen ihr Leben für Menschenwürde und Menschenrechte ein. Doch das trifft genauso für Mitarbeiterinnen und Mitarbeiter von humanitären Hilfsorganisationen und Nichtregierungsorganisationen (NGOs) zu, die in derselben Krisenregion, jedoch ohne einen besonderen Schutz ihren Dienst versehen. Offen bleibt, ob alle Soldaten im Einsatz jene sinnstiftende Begründung akzeptieren können und ob sie gar als eine befriedigende Antwort verstanden wird. Dies gilt auch für die Erklärung »who gave their lives for the mission in Kosovo«, die auf dem Gedenkstein in Prizren zu lesen ist. Die Möglichkeit für eine solche Deutungsperspektive besteht. Eine andere Frage ist, ob auch Angehörige und Hinterbliebene jenes Deutungsangebot annehmen (können). Letztlich ist hier größte Nüchternheit geboten.[17] Unzureichend aber wäre es, wenn Deutungen des Soldatentods allein der Privatsphäre überlassen blieben oder gar zu einer Motivationsmechanik verkämen. Ebenso ist es wichtig, dass Soldaten, die zum wiederholten Mal in dasselbe Einsatzland kommen, politische Fortschritte und eine spürbare Verbesserung der Lebensbedingungen zur Kenntnis nehmen können. Wo sich die Lebensbedingungen nicht grundsätzlich verbessert haben, sind Soldaten rasch demotiviert. Auch vor diesem Hintergrund reichte der bloße Hinweis auf den Soldateneid nicht als Begründung für den Dienst aus – es sei denn, der Eid wird als ein reiner Vertrag über Dienstpflichten verstanden.[18]

Dennoch, jeder Tod eines Bundeswehrsoldaten, einer Bundeswehrsoldatin auch im Einsatz für Menschenrechte und Menschenwürde ist und bleibt ein Übel. Es ist daher eine schwerwiegende Güterabwägung, welche das Parlament vorzunehmen hat: Einerseits werden schwerste Menschenrechtsverletzungen begangen, die mitunter nur durch eine militärische Intervention als *ultima ratio* unterbunden werden können. Anderseits besteht die Gefahr, dass Soldaten bei einer solchen Intervention ihr Leben verlieren. Auch wenn heute Menschenwürde und Menschenrechte einen unhintergehbaren hohen Wert besitzen, ist dennoch eine Überhöhung des Sterbens für diese Güter fehl am Platze. Da nun Bundeswehrsoldatinnen und -soldaten im Auftrag des vom Staatsvolk gewählten Parlaments in Auslandseinsätze entsandt werden, ist es auch Aufgabe des Parlaments, der Regierung wie der Gesellschaft, denen angemessen zu gedenken, die in der Ausführung des mandatierten Auftrages ihr Leben verlieren. Es lassen sich dagegen zwar Einwände formulieren, aber sie sind in einem fairen Streit über den Sinn und die Notwendigkeit der Auslandseinsätze vorzutragen. Dieser ist bisher noch nicht in der Mitte unserer Gesellschaft geführt worden. Er muss aber auch zugelassen werden.

Die Polizei – ein kollegialer Seitenblick

Der Tod kennt keine Uniformen. Dies mussten 2007 auch Angehörige der Polizei erfahren. Am 15. August starben durch einen gezielten Sprengsatz in Kabul drei deutsche Polizisten auf der Fahrt zu einem dienstlichen Training. Die offizielle Trauerfeier[19], zu welcher der Bundesinnenminister als oberster Dienstherr eingeladen hatte, fand am 18. August 2007 im Berliner Dom in Anwesenheit der Bundeskanzlerin statt. Zuvor war für Angehörige und Freunde auf dem militärischen Teil des Flughafens Berlin-Tegel eine kleine Trauerfeier durchgeführt worden, damit sie ihre Toten in Empfang nehmen konnten. Später waren im Berliner Dom Großfotografien mit Trauerflor unterhalb des Altars so auf die Altarstufen gestellt worden, dass sich die mittlere Fotografie in einer ansteigenden Linie zum Altarkreuz befand. Von den Sitzbänken aus rechts neben dem Altar stand ein Rednerpult, an dessen Vorderseite als Hoheitssymbol ein Bundesadler angebracht war.

In den Trauerreden kam man nicht umhin, auch auf die Frage einzugehen, wofür die Polizisten in Afghanistan ihr Leben eingebüßt hatten. Während ein evangelischer »Pfarrer in der Bundespolizei« von einem schweren Abschied von den Lieben sprach, der ein Weg sei, den man miteinander gehen wolle, könne und müsse, der katholische Dekan der Bundespolizei die Berufsauffassung und die Geradlinigkeit der Getöteten hervorhob, artikulierte die Dompredigerin den Schmerz, die Ratlosigkeit und das Erschrecken, die jenes Geschehen ausgelöst hatten. Zugleich deutete sie in zurückhaltender Weise darauf hin, dass die Polizisten ihr Leben bei dem Auftrag verloren hatten, Leben anderer zu schützen. Alle drei Seelsorger trugen liturgische Kleidung.

Der Bundesinnenminister hielt von jenem seitlich im Altarraum aufgestellten Rednerpult seine Traueransprache, in der er auch die Frage thematisierte, wofür die Polizisten ihr Leben verloren haben. Mehr auf der Beschreibungsebene führte er aus: »Sie starben bei der Ausübung ihres Amtes im Dienste der Bundesrepublik Deutschland.« Im weiteren Verlauf der Rede fügte er eine Deutungsebene hinzu: Sie »haben ihr Leben geopfert im Dienst für eine zutiefst humane Idee: Menschen können nur dann in Frieden und Sicherheit leben, wenn es eine Ordnung gibt, die ihnen Schutz bietet, ihnen Sicherheit gewährt.«[20] In diese Deutungsebene ist ein aktivisches Element eingetragen: Sie haben geopfert für .... Gleichzeitig äußerte er die Ansicht, dass die Wahrnehmung der Verantwortung für ein freiheitliches und friedliches Leben »wohl niemals ganz ohne eigene Opfer gelingen« werde. »Die Opfer sind die andere Seite unserer freiheitlichen, offenen Ordnung.« Gegen Ende seiner Trauerrede zitierte der Innenminister einen Passus aus einer Perikles zugeschriebenen Rede auf die Gefallenen[21], wie sie Thukydides im zweiten Buch des Peloponnesischen Krieges überliefert. Dieser Passus wurde von Wolfgang Schäuble wie folgt wiedergegeben: »Mit solchen Vorbildern sollt auch ihr das Glück in der Freiheit sehn und die Freiheit im kühnen Mut und euch nicht zuviel umblicken nach den Gefahren.«[22] Tatsache ist, dass dieses Zitat insofern unvollständig ist[23], als in der vollständigen Übersetzung hinter »nicht zuviel umblicken nach den Gefahren« das Genitivattribut »des Krieges« folgt. Also lautet der ganze Satz: »Mit solchen Vorbildern sollt auch ihr das Glück in der Freiheit sehn und die Freiheit im kühnen Mut und euch nicht zuviel umblicken nach den Gefahren des Krieges.«[24] Auch insgesamt ist die Rede des Perikles eine Leichenrede (Epitaphios) auf die ersten Gefallenen Athens im Peloponnesischen Krieg. Somit wird bereits durch ein Zitat aus dieser Leichenrede in der Trauerrede des Innenministers der Tod jener Polizisten *nolens volens* in den Kontext eines Krieges gestellt, auch wenn jenes Genitivattribut, welches dies ausdrücklich bestätigt, ausgespart ist. Zudem werden mit jenem Zitat die drei Polizisten indirekt zu Vorbildern[25] erklärt, z.B. für andere deutsche Polizisten in Afghanistan. Schließlich bildete dieses Thukydides-Zitat noch einmal eine Brücke, um in der Rede ausdrücklich auf den Sinn des Todes der Polizisten einzugehen. Wörtlich sagte der Minister: »Das ist der Sinn, den wir hinter dem vordergründig sinnlosen Geschehen sehen können, sehen müssen, um zu erkennen, was unsere Gesellschaft im Innersten zusammenhält.« Auf dieser Linie liegt es dann zu formulieren, dass die Getöteten »ihr Leben für unserer Vaterland gegeben«[26] haben. Auch diese Aussage kommt von der Diktion her der Perikles-Rede in gewisser Weise nahe.

Gegen Ende der Trauerfeier ergriff ebenso der deutsche Botschafter in Afghanistan das Wort. Mit seinem Schlusssatz »Wir haben alle am 15.8. in Kabul gute Kameraden verloren« konnotierte er das Lied vom guten Kameraden, welches u.a. bei militärischen Begräbnissen intoniert wird. Am Schluss der Trauerfeier erklang im aus wilhelminischer Zeit stammenden Berliner Dom die Nationalhymne.

Resümee

Welche Folgerungen lassen sich nun im Hinblick auf die Errichtung eines zentralen Ehrenmals[27] in Berlin für alle Angehörigen der Bundeswehr, die in ihrer Ausübung der Dienstpflicht ihr Leben verloren haben, ziehen? Was den Ort der Aufstellung betrifft, sind die Argumente genannt.[28] Und »einen neuen Totenkult«[29] braucht Deutschland ganz gewiss nicht. Zweierlei ist vielleicht deutlich geworden. Erstens: Eine religiöse Überhöhung oder Mystifizierung des Soldatentodes war und ist fehl am Platze. Leider haben dazu in der Geschichte die Kirchen mit unterschiedlicher Intensität beigetragen.[30] Die religiöse Begleitmusik für die Weltkriege im 20. Jahrhundert hat vielleicht letztlich auch einen Entfremdungsschub von den Kirchen bewirkt, nachdem menschliche Tragödien und Verwüstungen selbst über jene hereinbrachen, die anfangs noch bereitwillig religiösen Überhöhungen gutwillig Glauben schenkten. Schon Erasmus von Rotterdam (1466–1536) hat allen, die geneigt sind, sich an der horazschen Maxime orientieren zu wollen, dass es süß sei, fürs Vaterland zu sterben, seinen »Antihoraz« entgegengehalten: »Dulce bellum inexpertis«, süß ist der Krieg (nur) für die Unerfahrenen. Ohne Frage, Kirche wird um die Toten trauern, Hinterbliebenen beistehen und gemäß den sieben Werken der Barmherzigkeit, Tote menschenwürdig bestatten. Aber auch säkulare Begründungen wie Menschenwürde und Menschenrechte scheiden für Überhöhungen militärischer Einsätze und ihren möglichen Folgen aus, wie insgesamt Überhöhungen jeglicher Art zu unterlassen sind. Zweitens: Zum Menschsein gehört unauflöslich, einen Namen zu haben. Von der Antike bis in die Gegenwart hinein waren die Begriffe »Gedenken« und »Namen« einander identisch. Wer keinen Namen mehr hat, ist der Anonymität preisgegeben und fällt dem Vergessen anheim, ganz gleich, was auf Gedenkstelen und Ehrenmalen als Losung steht.

Anmerkungen

1 BMVg-Führungsstab der StreitkräfteZentrale (Hg.) ZDv 10 / 1 Innere Führung. Selbstverständnis und Führungskultur der Bundeswehr, Postdam 2008, S. 8.

2 Vgl. Bundesministerium der Verteidigung Fü S I 4 / VR I 4 (Hg.), Militärseelsorge. Sonderheft, Schriftenreihe Innere Führung, o.O. 1976, S. 53f.

3 Vgl. Katholisches Militärbischofsamt (Hg.), Gesang- und Gebetbuch für die katholischen Soldaten in der Deutschen Bundeswehr, Bamberg [14]1972, Nr. 434–437. In der 17. Auflage von 1976 sind es dann sieben Lieder (Nr. 356–362), in denen jetzt auch auf die eschatologische Freude abgehoben wird [ewig freuen (Nr. 358,1); Ewige Freude (Nr. 360,1)]. In dem 1979 herausgegeben Gesang- und Gebetbuch sind es wieder vier Lieder (359–362), die dem Abschnitt »Tod und Vollendung« gewidmet sind. Lediglich das vierte Lied (362) »Christus ist mein Leben, Sterben mein Gewinn« steht zwar verhalten, aber dennoch im Zeichen eschatolgischer Freude.

4 Die Wendungen »gefallener Soldat / die Gefallenen« werden seitens des Verteidigungsministeriums offiziell zu vermeiden versucht, um mit ihnen vermutlich keine Kriegssituation zu assoziieren. Dagegen finden sich im Magazin des Deutschen Bundeswehrverbandes »Die Bundeswehr« in der März-Ausgabe 2007 die Wendungen »gefallene Soldaten« und »Gefallene«, vgl. ebd. S. 2. Auch im Themenheft des tazjournal »Endlich. Tod – kein Tabu mehr« ist zu einem entsprechenden Bild die Unterschrift zu lesen: »Soldaten tragen den Sarg eines in Afghanistan gefallenen Kameraden« (Ausgabe 2007/2, S. 7).

5 Zentrum Innere Führung (Hg.), Umgang mit Tod und Verwundung im Einsatz, Arbeitspapier 2/96, Koblenz 1996, S. 79.

6 Ebd. S. 79.

7 Der Militärmusikdienst der Bundeswehr hat im Jahr 2007 der Militärseelsorge auf einer CD eingespielte Musikstücke »für ernste Anlässe zur Verfügung« (Cover) gestellt, die sicherlich bei Ermangelung eines Musikkorps zum Einsatz kommen soll. Neben »Der gute Kamerad«, »Jesus meine Zuversicht« von J. S. Bach, »Heilig, Heilig« von F. Schubert und anderen Instrumentalstücken findet sich auf jener CD interessanterweise auch die Themamusik aus »Schindlers Liste« von John Williams.

8   Bei Trauer- oder Gedenkfeiern im Einsatzland handelt es sich in der Regel um
    keinen Beerdigungsgottesdienst.

9   Der Ablauf am Gedenkstein in Prizren mit der Aufschrift »In memory of the
    soldiers who gave their lives for the mission in Kosovo« und den Namen der
    im Kosovo ums Leben gekommenen Soldaten gestaltet sich nach Auskunft von
    Militärdekan Michael Berning (Köln) wie folgt: Am jeweiligen Todestag des
    Soldaten treten um 12.50 Uhr die Kontingentführung und die betroffene (Nach-
    folge-)Einheit vor dem Gedenkstein an, um 13.00 Uhr tritt der Militärseelsorger
    hervor und eröffnet die Andacht. Nach kurzen einführenden Worten folgt ein
    Gebet aus dem Soldatengesangbuch (z. B. Herr, mach mich zu einem Werkzeug
    deines Friedens, Nr. 60), danach wird ein Psalm gebetet, dem ein Lied von der
    CD »Musik zum Gedenken« folgt. Nach der CD-Musik schließt sich eine bib-
    lische Schriftlesung (z.b. der Jüngling von Nain, Lk 7,11–17) mit Kurzansprache
    an. Auf einen Moment der Stille und der CD-Musik »Der gute Kamerad« spre-
    chen der Kontingentführer und der Kompaniechef ein Wort des Gedenkens.
    Das Vaterunser, ein Gebet und der Schlusssegen beenden eine solche Andacht.
    Diese Feiern geschehen im Wechsel zwischen evangelischer und katholischer
    Militärseelsorge. Vgl. auch »Kontingent gedenkt des Hauptfeldwebels Ingo Claar,
    in: Maz & More. Feldzeitung der Bundeswehr für den Balkan Nr. 446 (5. 12.
    2007), S. 8.

10 Vgl. Die kirchliche Begräbnisfeier in den katholischen Bistümern des deut-
    schen Sprachgebietes, Einsiedeln 1973.

11 Gestaltet ein evangelischer Militärseelsorger die Gedenkfeier, so greift er u.a.
    auf entsprechende Agenden seiner Kirche und auf »Evangelisches Gesang- und
    Gebetbuch für Soldaten«, hg. v. Evangelischen Militärbischof, 1995 zurück.

12 Das im Jahr 2000 vom Katholischen Militärbischofsamt neu herausgegebene
    Katholische Gebet- und Gesangbuch für die Soldatinnen und Soldaten in der
    Deutschen Bundeswehr enthält lediglich zwei Lieder, die dem Thema »Tod –
    Trauer – Vollendung« gewidmet sind.

13 Gedenksteine sind in Afghanistan, Bosnien und im Kosovo aufgestellt wor-
    den.

14 Auf dem Internationalen Friedhof in Kabul gab es bereits zuvor Gedenktafeln
    für tote deutsche Soldaten. Da dieser Friedhof aber ca. fünfzehn bis zwanzig
    Kilometer von Camp Warehouse entfernt liegt, entschloss man sich, für die
    Soldaten im Camp selbst ein Areal zum Gedenken herzurichten.

15 Grundsätzlich ist vorgesehen, dass die jeweiligen leitenden Militärdekane den
    kirchlichen Part übernehmen. Die Mitwirkung der Militärbischöfe stellt eher
    die Ausnahme und nicht die Regel dar. Da die Militärbischöfe entweder Diöze-
    san- oder Landesbischof sind und somit noch vielfältige andere Verpflichtun-
    gen haben, kann nicht immer gewährleistet werden, dass sie bei allen offiziel-
    len Trauerfeiern zugegen sein können.

16 Die gesamte Rede findet sich unter www.bmvg.de unter »Reden und Inter-
    views des Ministers«.

17 Im Römerbrief des Paulus heißt es bereits in einem anderen Zusammenhang:
    »Denn kaum wird jemand für einen Gerechten (Gerechtes) sterben, denn für
    den Guten (das Gute) wagt vielleicht auch jemand zu sterben« (Röm 5,7). Die
    im Griechischen verwendeten substantivierten Adjektive »gerecht« und »gut«
    stehen im Genitiv und lassen sich rein grammatikalisch auch als Neutra lesen.

18 Vgl. Ernst Friesenhahn, Der politische Eid, Bonn 1928, S. 103; Thomas R. Elßner, Innere Führung und Transformation der Bundeswehr, in: Sicherheit und Frieden 23 (2005), S. 191.

19 Am Tag zuvor fand in der deutschen Botschaft in Kabul in einem kleinen Kreis ein Trauergedenken statt, an dem neben dem Botschafter Hans-Ulrich Seidt, Innenstaatssekretär August Hanning und dem Innensenator von Berlin Ehrhart Körting auch ein Militärseelsorger teilnahm. Die deutschen Polizisten in Afghanistan begleitet kein Polizeiseelsorger.

20 In der wörtlichen Rede hieß es » […] die Sicherheit gewährt.« Die am 20.08.2007 vom Bundesministerium des Innern veröffentlichte Rede kann vollständig nachgelesen werden unter www.bmi.bund.de bei Reden und unter www.wolfgang-schaeuble.de.

21 Wörtlich heißt es bei Wolfgang Schäuble: »Und deshalb darf man an jene berühmte Rede auf die Gefallenen erinnern, die Perikles vor bald zweieinhalb Jahrtausenden vor den Bürgern von Athen gehalten haben soll.«, vgl. Ders. ebd. Indem der Innenminister das Perikles-Zitat mit diesen Worten einleitet, setzt er indirekt den Terminus »Gefallene« in Beziehung zu den um ihr Leben gekommenen Polizisten.

22 Vgl. Ders. ebd.

23 Der Punkt hinter »Gefahren« und die Setzung der Anführungsstriche in der veröffentlichten Rede des Bundesinnenministers erweckt den Eindruck, als ob der Satz zu Ende sei.

24 Thukydides, Der Peloponnesische Krieg II, 43,4. In der griechischen Fassung steht das Adjektiv πολεμικος (kriegerisch) im Plural in Verbindung mit dem Bezugswort κινδυνος (Gefahr), welches ebenfalls im Plural steht. Diese Verbindung ließe sich entweder mit »kriegerische Gefahren« oder, wie es viele deutsche Übersetzungen tun, als Genitivattribut wiedergeben. Zumindest berücksichtigen nahezu alle deutschen Übersetzungen jenes Adjektiv in einer entsprechenden Form.

25 Im griechischen Text selbst findet sich der Ausdruck »Vorbild« bzw. »Vorbilder« nicht. Dort ist lediglich das Relativpronomen ους im Akkusativ Plural maskulin im Sinne von »diese« verwendet.

26 Vgl. Schäuble, Reden.

27 Zu dem Begriff »Ehrenmal« vgl. Arnold Vogt, Den Lebenden zur Mahnung. Denkmäler und Gedenkstätten. Zur Traditionspflege und historischen Identität vom 19. Jahrhundert bis zur Gegenwart, Hannover 1993, S. 122.

28 Vgl. Frank Henning, Gedenken in der Mitte unserer Gesellschaft, in: Die Bundeswehr. Magazin des Deutschen Bundeswehrverbandes 3 (2007), S. 2; Thomas R. Elßner, Denk mal Ehrenmal, in: Kompass. Soldat in Welt und Kirche 11 (2007), S. 9f. Auch der Rahmen wird immer wieder zu überdenken sein, in welchem staatliche Trauerfeiern unter kirchlicher Beteiligung stattfinden sollen. Flughafenhangar und wilhelminischer Dom können als zwei Pole einer noch andauernden Suchbewegung interpretiert werden.

29 Uwe Hartmann, Innere Führung. Erfolge und Defizite der Führungsphilosophie für die Bundeswehr, Berlin 2007, S. 140.

30 Vgl. Vogt, Den Lebenden, S. 115–124.

Heinrich Wefing

Pavillon der Erinnerung

Einige Anmerkungen zur Architektur des Berliner
Bundeswehr-Ehrenmals von Andreas Meck

Nicht lange nach dem heftig umstrittenen Beschluss des Deutschen
Bundestages, den Sitz von Parlament und Regierung von Bonn nach
Berlin zu verlegen, schrieb der Kunsthistoriker Tilmann Buddensieg in einem hellsichtigen Essay, an der Spree würden die Architekten, die am Bonner Rheinufer noch nach Herzenslust zeitgenös-
sisch hätten planen können, notwendig »in den strengen Griff der
Geschichte« geraten. Diese Voraussage hat sich in vielerlei Hinsicht
bestätigt. Tatsächlich ließe sich ohne größere Übertreibung behaupten, die »Rückkehr in die Geschichte« sei so etwas wie das bestim-
mende Motiv des Hauptstadtbaus in der Berliner Republik geworden.

»Rückkehr in die Geschichte« meint dabei zunächst ganz schlicht
die pragmatische Entscheidung, für die Unterbringung von Abge-
ordneten, Ministerialbeamten und Diplomaten nicht ausschließlich
Neubauten zu errichten, sondern den reichen Berliner Bestand an
repräsentativen Verwaltungsgebäuden aus unterschiedlichen Epochen zu nutzen. Paradigmatisch für diese Strategie war der Beschluss,
den 1894 von dem Architekten Paul Wallot vollendeten Reichstag
im Spreebogen neuerlich zum Haus der deutschen Volksvertretung
zu machen. Diesem Beispiel folgend wurden DDR-Bauten an der
Straße Unter den Linden für Parlamentarierbüros hergerichtet; das
Auswärtige Amt bezog den gewaltigen Komplex der ehemaligen
Reichsbank am Friedrichwerderschen Markt, das Bundesfinanzmi-
nisterium nahm seinen Sitz im einstigen »Reichsluftfahrtministe-
rium« an der Wilhelmstraße, der Leitungsstab des Bundesverteidigungsministeriums wurde im sogenannten Bendlerblock an der
Stauffenbergstraße, einem neobarocken Generalsstabsgebäude aus

der Kaiserzeit, untergebracht, et cetera; lediglich für das Kanzleramt wurde ein kompletter Neubau errichtet.

Aus dieser logistischen Grundentscheidung erwuchs jedoch beinahe zwangsläufig eine architektonische Herausforderung, die dem Wort von der »Rückkehr in die Geschichte« eine zweite, wesentlich komplexere Bedeutungsschicht verleiht. In jedem der Altbauten, und zumal in denen mit NS-Vergangenheit, standen Planer und Bauherren vor der Frage, wie sie konzeptionell mit dem materiellen Bestand und seiner politisch-historischen Geschichte umgehen sollten. Abriss und Beschweigen schieden aus, das wurde schnell klar; stattdessen setzte sich in einer intensiv, teils auch kontrovers geführten Debatte die Linie durch, in den verschiedenen Gebäuden ausdrücklich auf deren schwierige Bau- und Nutzungsgeschichte hinzuweisen, etwa durch Ausstellungen, und bei den notwendigen Sanierungen und Ergänzungen durch architektonische oder künstlerische Interventionen das Nebeneinander von Alt und Neu auch ästhetisch zu reflektieren.

Dabei entwickelten sich sehr differenzierte Annäherungen: Der Berliner Architekt Hans Kollhoff etwa ersann für das Auswärtige Amt im einstigen Reichsbankgebäude eine Formensprache, die sich dem Altbau eher anschmiegt als ihn zu kontrastieren. Sir Norman Foster aus London hingegen, um einen stilistischen Gegenpol zu benennen, setzte bei der Umgestaltung des Reichstags auf eine Inszenierung der zeitgenössischen Ergänzung und ihrer überdeutlichen Abgrenzung vom Bestand. Entstanden ist so eine Collage aus durchsichtiger Gegenwart und blankgeputzter Vergangenheit, eine Addition von historischen Spolien und zeitgenössischen Implantaten, die die unvermeidlichen Brüche nicht überspielt, sondern dezidiert betont.

Von einer »Rückkehr in die Geschichte« lässt sich jedoch auch noch auf einer dritten Ebene sprechen, die Buddensiegs Diktum vom »strengen Griff« der Historie besonders eindrucksvoll belegt. In der Auseinandersetzung mit der gebauten Vergangenheit nämlich begannen die Architekten im Berliner Regierungsviertel mit aller Behutsamkeit ein Formenvokabular neu zu buchstabieren, das in Bonn – aus historischen Gründen und mit Rücksicht auf das Provisorische des Regierungssitzes am Rhein – bis zuletzt gemieden worden war. Teils eher beiläufig, teils durchaus absichtsvoll erprobten in Berlin nun eine Reihe von Baumeistern zeitgenössische Variationen tradierter Repräsentationsformen, die in der alten Bun-

desrepublik nie zum gängigen Repertoire der »demokratischen
Architektur« gezählt hatten.

Die Gründe für diese Wiederentdeckung sind komplex; die intensive Auseinandersetzung mit der Baugeschichte als Inspirations-
quelle zeitgenössischen Bauens, spätestens seit der sogenannten
»Postmoderne« selbstverständlich, zählt wohl ebenso dazu wie der
Generationswechsel in der deutschen Architektenschaft, die mittlerweile längst nicht mehr unmittelbar unter dem Eindruck von Diktatur, Krieg und Wiederaufbau steht und auch die ästhetischen
Tabus der frühen Nachkriegsjahre zunehmend in Frage stellt; hinzu tritt fraglos das neue Selbstverständnis des geeinten Deutschland als souveräne Macht in Europa, wobei gerade Schlüsse von
politischen Veränderungen auf architektonische Stilwechsel nur mit
größter Vorsicht gezogen werden sollten. Festzuhalten ist jedoch,
dass Naturstein, Säulen und Symmetrieachsen wieder zum selbst-
verständlichen Dekorum des Berliner Parlamentsviertels zählen, das
sich damit den architektonischen Gepflogenheiten anderer westli-
cher Hauptstädte annähert.

In den besseren Bauten jedoch tauchen diese tradierten Elemente nicht als bloße Zitate auf, sondern als zeitgenössische Neuinter-
pretationen, beispielhaft wiederum in der neuen Reichstagskuppel,
die als Höhepunkt einer Verschränkung von historischer Reflexion
und zeitgenössischer Funktion bezeichnet werden darf. Lang umstritten, von Foster nur auf massiven politischen Druck hin geschaffen, ist die neue Kuppel keine hohle Geste mehr wie ihre Vorgänge-
rin, die nach Kriegsschäden 1954 gesprengt worden war, sie lenkt
vielmehr über eine verspiegelte Spindel Tageslicht in die Tiefen des
Baus. Und sie saugt wie ein Kamin verbrauchte Luft aus dem Ple-
num nach oben. Fosters gläserner Lampion ist gleichermaßen monumental wie ökologisch korrekt und ebendeshalb politisch kaum
anfechtbar.

Ähnliche Überlegungen haben auch Axel Schultes, den Architekten des Berliner Kanzleramtes, bei seiner langwierigen Entwurfs-
arbeit für die neue Regierungszentrale im Spreebogen beschäftigt.
Schultes stellte sich ganz ausdrücklich die Aufgabe, »eine zeitüber-
dauernde und raumübergreifende Nationalsymbolik« mit den Mitteln der Architektur zu entwickeln. Nach den Exzessen des Symbolischen während des »Dritten Reiches« und den Exerzitien der
Bonner Nüchternheit suchte der Berliner Architekt einen dritten
Weg, eine architektonische Sprache, mit der sich wieder Großes sa-

gen ließe, ohne hohl zu dröhnen. Er wolle, schrieb Schultes, »die
›Dummheit‹ der Fassade vermeiden, das Pompöse der Achsen, den
faden Geschmack von Stil, die Komödie der Tradition«. Fast im selben Atemzug aber warf er auch das »tapfere architektonische Un-
derstatement« der Bonner Zeit über Bord. Stattdessen wolle er, ließ
er in aller Bescheidenheit wissen, »das konkrete Bild der Deutschen
Republik in Anschauung bringen.« Ob ihm das gelungen ist, tut
hier nichts zur Sache. Entscheidend ist allein festzuhalten, wie intensiv während des Berliner Hauptstadtbaus nach neuen, unbeschä-
digten Formen des Erhabenen gesucht wurde.

Vor diesem architektur-diskursiven Hintergrund ist auch der
Entwurf von Andreas Meck für das Ehrenmal der Bundeswehr auf
dem Gelände des Bendlerblocks zu sehen. Ähnlich wie Foster im
Reichstag, wie Schultes im Kanzleramt oder Kollhoff beim Auswärtigen Amt suchte Meck für die politisch überaus heikle Bauaufgabe
nach einer reflektierten Synthese von Tradition und Zeitgenossenschaft. Nach einer Architektur, die die Mitte hält zwischen dem dröh-
nenden Pathos historistischer Monumentalarchitektur und der Ort-
und Bildlosigkeit der handelsüblichen Allerweltsmoderne.

Eine solche Suche ist, wie im vorliegenden Band ausgiebig diskutiert wird, aus politischen und historischen Gründen außeror-
dentlich problematisch. Jeder Architekt, der sich dennoch der Sache annimmt, hat aber zudem mit den Schwierigkeiten der eigenen
Disziplin zu kämpfen. Denn es gibt für eine Bauaufgabe wie ein
Soldaten-Ehrenmal heute kein architektonisch brauchbares Voka-
bular mehr, keinen halbwegs gesicherten Formenschatz, nicht in
der zeitgenössischen deutschen Architektur und auch nicht im internationalen Vergleich. Die martialischen Heldenhaine des neun-
zehnten und frühen zwanzigsten Jahrhunderts können nicht länger als Vorbilder dienen, weil die traditionelle Typologie des
Totenkultes, eigentlich von altersher eine zentrale Aufgabe aller
Architektur, spätestens seit dem Missbrauch durch die Nationalso-
zialisten völlig desavouiert ist. Jede auch noch so ferne Assoziation
an den monumentalen Neoklassizismus Speerscher Spielart, der in
Deutschland für immer mit dem Nationalsozialismus verknüpft sein
wird, verbietet sich für ein Bundeswehr-Ehrenmal von selbst.

Andererseits taugen aber auch die vielen jüngeren Gedenkstätten für die Opfer des NS-Terrors, die in Berlin und anderswo errichtet wurden, nicht als Inspiration, da sie vor allem der Erinnerung an die Verfolgten und Ermordeten gewidmet sind und damit

stets das Bekenntnis zur historischen Verantwortung für die deutschen Verbrechen in sich tragen. Dazu jedoch besteht bei dem Ehrenmal der Bundeswehr ausnahmsweise kein Anlass. Gedacht werden soll dort derer, die im Auftrag des Parlaments für die Republik ihr Leben gelassen haben, ohne sie posthum zu Helden zu stilisieren.

Vollends diffizil wird die Formfindung schließlich, weil auch eine weitere denkbare Entwurfsstrategie, der Ausgriff ins Spektakuläre, nicht in Betracht kommt. Die Aufgabe, einen Gedenkort für tote Soldaten und ihre Angehörigen, für Kameraden und die interessierte Öffentlichkeit zu schaffen, schließt alles Schrille, Schräge oder Provokante prinzipiell aus: mit Rücksicht auf die Gefühle der Trauernden, aber auch mit Rücksicht auf die Erwartungen eines Auftraggebers wie der Bundeswehr, die mit ihren Ritualen und Gepflogenheiten, mit ihren Uniformen und zeremoniellen Inszenierungen selbst tief in symbolischen Traditionszusammenhängen steht.

Zu erfinden war also – ähnlich wie bei der Reichstagskuppel oder dem Kanzleramt – eine Architektur, die tradierte Formen der Repräsentation aufnimmt, reflektiert und auf zeitgenössische Weise fortschreibt; eine Architektur, die Erhabenheit mit Zivilität, Dezenz mit Würde und private Trauer mit den Erfordernissen des staatlichen Zeremoniells verbindet. Der 1959 in München geborene Andreas Meck hat auf diese komplexe Herausforderung reagiert, indem er das Ambivalente der Aufgabe nicht negiert, sondern im Gegenteil zum Thema seiner Arbeit gemacht hat. Vorsichtig integriert er Verweise auf das herkömmliche Formvokabular des Gedenkens in die Architektur des Ehrenmals, balanciert sie aber stets gezielt und durchaus erfolgreich mit Elementen heutigen Bauens aus. Entstanden ist dabei keine Architektur, die die Welt in Staunen versetzen müsste, aber ein tauglicher, unaufgeregter Bau, der eine einprägsame Raumbildung verspricht.

Meck hat einen scharfkantigen, halboffenen, langgestreckten Riegel entworfen, der den Appellplatz des Bundesverteidigungsministeriums im Berliner Bendlerblock nach Westen hin, längs der schmalen Hildebrandstraße, abschließt. Er steht exakt in der Hauptachse des gegenüberliegenden Gebäudes, unterläuft diese Axialität aber durch eine asymmetrisch gestaltete Hauptfassade – ein erster, offenkundiger Beleg für Mecks Konzept einer gemäßigten Gestik.

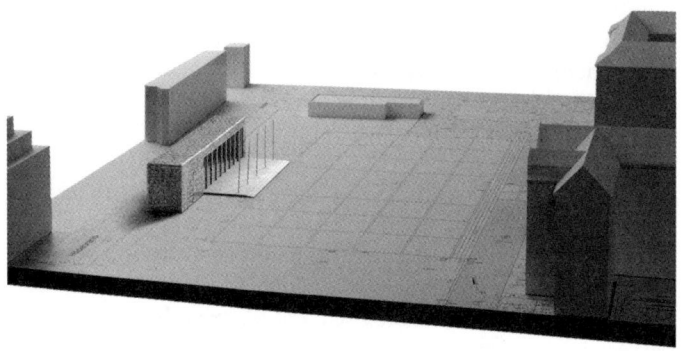

Abb. 1: Modellfoto des Wettbewerbsentwurfs von
Andreas Meck für das Ehrenmal von Süden.

Der gut vierzig Meter lange, nur acht Meter breite und zehn Meter
hohe Baukörper besteht konstruktiv aus zwei Reihen von je vier-
zehn Stahlbetonpfeilern, die durch ebensoviele Balken verbunden
werden. Die regelmäßige Reihung dieser Pfeiler verleiht dem Bau
eine Ruhe und Strenge, die nicht von ungefähr an Säulenhallen oder
Tempelfronten denken lässt; ein Eindruck, der jedoch durch das
Material der Träger und ihre glatte Schmucklosigkeit sogleich wieder
konterkariert wird: Mecks Anlage ist weniger ein Tempel als vielmehr ein Pavillon des Gedenkens.

Damit fügt sich der Berliner Bau recht zwanglos in die bisherige
Arbeit des Architekten ein. Andreas Meck, der nach einem Archi-
tekturstudium in München und London seit 1989 ein eigenes Büro
in München führt, war bislang vor allem auf regionaler Ebene tätig;
er hat sich viel mit dem Entwurf von Studentenwohnheimen, Ein-
familienhäusern und Institutsgebäuden beschäftigt; alle seine Bauten bevorzugen klare kubische Körper, sie sind streng, kantig, weithin
reduziert in Anmutung und Details. Wollte man sie einer Denk-
schule zuordnen, dann der vielbeschriebenen »Zweiten Moderne«,
jener architektonischen Richtung also, die die Ideen der klassischen
Moderne nicht als Bauschutt von gestern betrachtet, sondern eher
als Projekt, das noch nicht abgeschlossen, als Versprechen, das noch
nicht eingelöst ist.

Was das bedeuten kann, zeigt Mecks bislang ambitioniertester –
und fraglos schönster – Bau: die im Jahr 2000 vollendete Ausseg-

nungshalle im Münchner Vorort Riem, ein fast skulpturaler Körper, hell, offen, zukunftsfroh, der seinem Architekten viel Aufmerksamkeit eingetragen hat – und wohl auch die Einladung zum Wettbewerb für das Bundeswehr-Ehrenmal, den er gegen sechs weitere Architekten und Künstler, darunter prominente Baumeister wie Axel Schultes und Hans Kollhoff, für sich entscheiden konnte.

Umhüllt wird die minimalistische statische Konstruktion des Bundeswehr-Ehrenmals von einer Fassade aus Bronzeblech, aus der halbkreisförmige Öffnungen herausgestanzt sind, so dass eine transluzente Struktur entsteht, ein metallischer Schleier, der Innen und Außen ebenso trennt wie verbindet. Das ist eine raffinierte ästhetische Eingebung des Architekten, deren Gelingen ganz von der Qualität der Details abhängt. Ihre ikonographischen Herleitung jedoch liegt in gefährlicher Nähe zum Kitsch. Die ausgestanzten Öffnungen in der Metallhülle nämlich sollen an die Erkennungsmarken erinnern, die jeder Soldat im Einsatz um den Hals trägt und deren Teilung nach Armeegebrauch für den Tod steht. Das ist in seiner Symbolik aufdringlicher, als es der dezenten Gesamtkonzeption der Anlage entspricht.

Das Ehrenmal öffnet sich nach zwei Seiten: Es weist zur Hildebrandstraße hin, und damit gewissermaßen zur Stadt, mit neun rechteckigen, nur je drei Meter hohen Fassadenausschnitten, von denen die nördlichen drei als Zugang für das allgemeine Publikum dienen. Deutlich grandioser ist die Öffnung nach Osten hin gestaltet, zum Aufmarschplatz also, dem Ort der militärischen Zeremonien. Dort verkleidet die Bronzefassade nur ein Drittel des Baukörpers, der Rest bleibt auf ganzer Höhe unverhüllt, so dass hinter der Stützenreihe ein hoher, loggiaartiger Raum entsteht, der Wind, Regen und Sonne weithin ungeschützt ausgesetzt ist. Vor dieser offenen Halle liegt ein weiter, zwei Stufen gegenüber dem Platzniveau erhöhter Podest, den vier Fahnenmasten akzentuieren: eine durchaus feierliche Bühne für das Gedenken mit dem Ehrenmal als Kulisse.

Je nach Nutzung der Anlage kann entweder der Eingang an der Hildebrandstraße oder die große Öffnung im Osten verschlossen werden. Dafür hat Meck eine haushohe, bewegliche Wand ersonnen, die wie ein Raumteiler durch die große Halle des Pavillons geschoben wird. Im alltäglichen Gebrauch des Ehrenmals scheidet sie das Publikum vom Paradeplatz, der militärisches Sperrgebiet ist; bei besonderen Anlässen blockiert sie den öffentlichen Zugang zur Hildebrandstraße, erfüllt damit alle Sicherheitsauflagen und

Strassenansicht, kleine Öffnung - Individuum 1/100

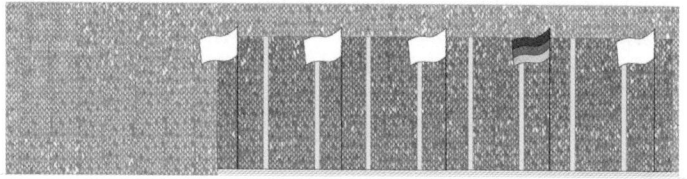

Paradeplatzansicht, große Öffnung - Zeremonien 1/100

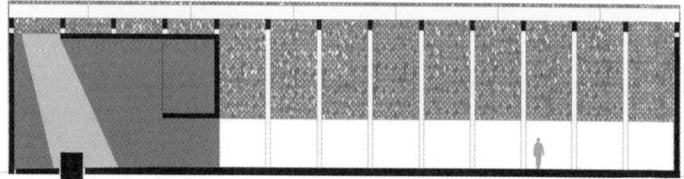

Längsschnitt 1/100

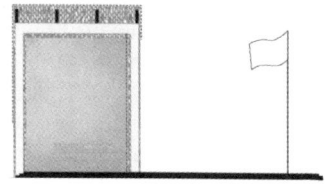

Querschnitt mit goldener Rückwand und Fahnenplatz 1/100

Abb. 2: Grundriss, Ansichten und Schnitte des
Wettbewerbsentwurfs von Andreas Meck (2007).

garantiert so eine doppelfunktionale Nutzung der Gedenkstätte, die buchstäblich auf der Grenze zwischen Stadt und Staat liegt.

Herfried Münkler hat diesen gewissermaßen halbamtlichen Charakter des Monuments gelegentlich mit leiser Ironie eine »geniale Lösung« genannt, die er mit dem klassischen Konzept der Garnisonskirche verglich: Ein Versammlungs- und Gedenkort, der sich vorwiegend an die professionelle Gemeinschaft der Soldaten und ihrer Angehörigen wendet und nur zu außergewöhnlichen Anlässen für die Allgemeinheit geöffnet wird. Räumlich exakt wird damit zudem sichtbar, wo auch die Debatte über das Ehrenmal verortet ist: haargenau auf der Grenze zwischen innerer Angelegenheit der Bundeswehr und nationalem Politikum.

Räumliches und gleichsam »spirituelles« Zentrum des Ehrenmals, das Ende des Weges, den es vorgibt, ist ein vergleichsweise kleiner, ringsum verschlossener Raum mit geschwärzten Wänden, der von der halboffenen Loggia aus betreten wird. In der Mitte dieser Dunkelkammer hat Meck einen Gedenkstein angeordnet, einen Kubus aus Nagelfluh, einem steinähnlichen Naturmaterial aus dem Alpenvorland. Auf diesen Monolithen fällt Tageslicht ausschließlich aus einer Öffnung im Dach.

Mit dieser Inszenierung des Inneren hat sich der Architekt weiter als irgendwo sonst bei der Gestaltung des Ehrenmals historischen Vorbildern angenähert; auch Meck ist, so ließe sich argumentieren, in gewisser Weise in die Geschichte zurückgekehrt. Er lässt daran auch selbst keinen Zweifel. So hat er den zentralen Trauerraum in seiner Entwurfsbeschreibung ausdrücklich als »cella« bezeichnet und damit auf antike Tempelbauten verwiesen. Fast noch aufdringlicher ist die architekturhistorische Nähe von Mecks Entwurf zu dem Ehrenmal für die Gefallenen des Ersten Weltkriegs, das 1931 nach Plänen des Reformarchitekten Heinrich Tessenow in Schinkels Neuer Wache Unter den Linden entstanden war, später aber zerstört und umgestaltet wurde. Hier wie dort ein strenger, fensterloser Innenraum, getaucht in feierliche Düsternis, zweimal das Licht von oben, zweimal ein mittiger Gedenkstein, der tradierte »Altar des Vaterlandes«, an dem Blumen und Kränze für die Toten abgelegt werden.

Historisch wie typologisch ist die Anknüpfung an Tessenow durchaus plausibel, diente doch auch die von ihm umgestaltete Neue Wache der nüchternen Selbstdarstellung eines republikanischen Gemeinwesens. Gleichwohl ist Meck auch im Innersten seines Entwurfs dem Konzept einer bewussten Ambivalenz zwischen Tradiertem und Zeitgenössischen treu geblieben, wenn auch mit leicht verschobenem Akzent. Wiederum hat der Architekt das überlieferte Formvokabular des Gedenkens bewusst mit zeitgenössischen Elementen konterkariert; so verzichtet er auf Marmor oder Granit für das eigentliche Ehrenmal und nutzt stattdessen den ruppigeren, unedleren Nagelfluh, der ein wenig an Beton erinnert. Und auch die Namen der Toten sollen im Bundeswehr-Ehrenmal nicht in Stein gehauen oder in Bronze gesetzt werden, sondern lediglich als Lichtprojektion auf den schwarzen Wänden aufscheinen.

Ob das Bundeswehr-Ehrenmal nach den Plänen von Andreas Meck wie erhofft funktionieren, ob es von der Truppe und von der Öffentlichkeit als Ort des Gedenkens an die toten Soldaten angenommen werden wird, lässt sich einstweilen schwer beurteilen. Das muss die Zeit erweisen. Die Architektur jedenfalls mit ihrer vorsichtigen Balance zwischen Tradition und Zeitgenossenschaft dürfte einer allgemeinen Akzeptanz nicht entgegenstehen.

Günter Schlusche

In einer stillen Straße…

Das Ehrenmal in seinem städtebaulichen Umfeld

Der Standort des Ehrenmals befindet sich in einem Viertel, das die Alte Mitte Berlins im Osten mit dem Citybereich im Westen um Kurfürstendamm und Gedächtniskirche verbindet. Der Block zwischen Hildebrandstraße, Tiergartenstraße, Stauffenbergstraße und Reichpietschufer liegt in einer städtebaulich und stadthistorisch hervorgehobenen Lage zwischen dem Großen Tiergarten im Norden und dem sanft geschwungenen Landwehrkanal im Süden. Er gehört zum »Diplomatenviertel«, das aus einem seit dem frühen 18. Jahrhundert entstandenen gutbürgerlichen Wohngebiet, dem Tiergartenviertel am südlichen Rand des Großen Tiergartens, hervorgegangen ist. Nach der Gründung des Deutschen Reichs 1871 wurde das Tiergartenviertel baulich zunehmend verdichtet und mit großmaßstäblichen Verwaltungsbauten durchsetzt.[1] Zu ihnen gehörte auch das 1911 bis 1914 entstandene ehemalige Reichsmarineamt am Reichpietschufer 74–76 (Architekten Reinhardt und Süßenguth), das ab 1919 als Reichswehrministerium genutzt wurde und heute zweiter Dienstsitz des Bundesministeriums der Verteidigung ist. Zusammen mit dem 1938 errichteten Erweiterungsbau an der Stauffenbergstraße 11–14 (Architekt Heeresbauverwaltung, heute Gedenkstätte Deutscher Widerstand) wird der Gesamtkomplex mit insgesamt zwölf Innenhöfen und fünf Bauteilen häufig »Bendlerblock« genannt. Streng genommen trifft dieser Terminus nur auf den 1938 errichteten Erweiterungsbau an der damaligen Bendlerstraße zu, der heutigen Stauffenbergstraße, die 1836 von dem Ratsmaurermeister Johann Christoph Bendler angelegt wurde. Bis auf den nördlichen Anbau steht der gesamte Komplex wegen seiner geschichtlichen und baukünstlerischen Bedeutung unter Denkmalschutz.[2]

Im Zuge der von Hitler und seinem Architekten Speer forcierten »Neugestaltungsmaßnahmen für die Reichshauptstadt Berlin« erfuhr das Gebiet ab 1937 seine entscheidende Transformation zum Diplomatenviertel, wovon noch heute unter anderem die besonders groß dimensionierten Bauten der aus nationalsozialistischer Sicht privilegierten »Achsenmächte« Italien (Architekt Friedrich Hetzelt) und Japan (Architekt Ludwig Moshamer) zeugen. 1944 wurde das damals vom Oberkommando des Heeres genutzte Gebäude Stauffenbergstraße 11–14 zur Zentrale der Verschwörer des 20. Juli 1944, die von hier aus das Attentat auf Hitler planten. Unmittelbar nach seinem Scheitern wurden die führenden Köpfe, darunter Oberst Claus Schenk Graf von Stauffenberg und Oberst Friedrich Olbricht, im Innenhof des Gebäudes hingerichtet.

Das Kriegsende brachte auch für fast alle Bauten dieses Quartiers schwerste Kriegsschäden mit sich und bildete eine tiefe Zäsur. Während der größte Teil des Bendlerblocks schrittweise wiederaufgebaut wurde und anschließend von verschiedenen Bundesbehörden genutzt wurde, wurden alle umgebenden Bauten des Blocks sukzessive aufgegeben und in den Folgejahren abgerissen, so dass der große Komplex heute isoliert in exponierter Lage steht und die Umgebung dominiert. Der ehemals hauptstädtische Rang des Gebiets war fast nur noch an den Eigentumsverhältnissen im Grundbuch erkennbar. Das gesamte Gebiet sank für nahezu 40 Jahre in einen komatösen Zustand und wurde in weiten Teilen von der Natur zurückerobert. Die bizarre Idylle, die diesen Bereich bis Anfang der neunziger Jahre prägte, scheint heute kaum vorstellbar.

Erst im Rahmen der Internationalen Bauausstellung Berlin wurden ab 1981 Initiativen zur Neubewertung und Reaktivierung des Quartiers eingeleitet. Mit der Wiedervereinigung der Stadt und dem 1991 gefällten Bundestagsbeschluss zum Ausbau Berlins als Bundeshauptstadt wurde auch die Entwicklung dieses Gebiets von einer neuen Dynamik erfasst. Heute ist der Ausbau des Quartiers zum Botschaftsschwerpunkt in wesentlichen Teilen abgeschlossen, wovon nördlich des Bendlerblocks die Botschaftsneubauten der Republik Südafrika, Indiens, Österreichs und Ägyptens sowie die Landesvertretung Baden-Württembergs zeugen. Auch in den westlichen Nachbarblöcken sind neben den aufwendig restaurierten Botschaftsbauten von Italien und Japan weitere Botschaftsneubauten und Landesvertretungen der Bundesländer entstanden. An der Westseite der Hildebrandstraße befindet sich die noch umzubauende Botschaft

Griechenlands, die bereits wiedereröffnete Botschaft Estlands, der Neubau der Friedrich-Ebert-Stiftung sowie ein Büro- und Geschäftshaus. Bis auf die Botschaft von Estland werden alle diese Bauten von der parallel verlaufenden Hiroshimastraße erschlossen, so dass die relativ schmale Hildebrandstraße auch jetzt nur sehr wenig befahren wird.

Östlich der Stauffenbergstraße wurde das Kulturforum mit dem Bau der Gemäldegalerie komplettiert. Südlich der Gemäldegalerie entstand vor kurzem ein Hotelneubau, während der markante Bau des ehemaligen Shell-Hauses an der Ecke Reichpietschufer nach umfassender Restaurierung wieder als Bürohaus genutzt wird. Auch die in den letzten Jahren realisierten Neubauten westlich und östlich der Hofjägerallee mit zahlreichen weiteren Botschaftsstandorten machen deutlich, dass sich die Entwicklung des Diplomatenviertels auch in den nächsten Jahren im gleichen Rahmen fortsetzen wird. Seine verkehrsgünstige und stadträumlich privilegierte Lage verleiht diesem Quartier auch für die Zukunft große Attraktivität, etwa für geplante Botschaftsbauten für Portugal, die Türkei und das Sultanat Brunei oder auch für hauptstädtische Büronutzungen. Die an den Ministeriumsbau östlich und westlich angrenzenden Freiflächen werden für den Fall einer Verlagerung des ersten Dienstsitzes aus Bonn freigehalten.

Zusammenfassend lässt sich festhalten, dass es sich bei dem für das Ehrenmal vorgesehenen Gelände um einen wertvollen innerstädtischen Standort handelt, der seine Qualität durch die Nähe zum zuständigen Ministerium und durch eine Einbindung in eine nutzungsgemischte Struktur von hochwertigen Büro- und Dienstleistungsstandorten, von Botschaften und weiteren hauptstädtisch geprägten Standorten wie den Vertretungen der Bundesländer oder den Museumsbauten des Kulturforums erhält. Es handelt sich jedoch nicht um einen Standort in der ersten Reihe der repräsentativen Standorte des Bundes in Berlin – diese befinden sich am östlichen und nördlichen Tiergartenrand sowie in der Alten Mitte. Es ist auch kein exponierter Standort mit guter stadträumlicher Wahrnehmbarkeit oder mit besonderem Wert im Netz der öffentlichen Räume, sondern ein Standort, der das Gedenken an die Opfer der Bundeswehr einreiht in die Nutzungsabfolge einer unauffällig gediegenen, innerstädtischen Anliegerstraße.

Der Entwurf für das Ehrenmal

Der Entwurf von Andreas Meck nutzt diese Qualitäten des Standortes in architektonisch sehr geschickter Weise. Platzierung, Volumetrie, Ausrichtung und Materialwahl des Baukörpers an der Hildebrandstraße verschaffen dem Bau eine diskrete gestalterische und bauliche Präsenz, auch im Verhältnis zu den deutlich höheren Büro- und Botschaftsbauten der Umgebung, und gewährleisten die Wahrnehmbarkeit des Baus im Netzwerk der angrenzenden öffentlichen Räume. Zudem erfüllt der Entwurf die durchaus komplexen funktionalen Anforderungen des Auftraggebers. Dazu gehört, dass das Ehrenmal im Regelfall ein für individuelle Besucher, für Angehörige der betroffenen Soldaten, für Gruppen und für Touristen öffentlich zugänglicher Standort sein soll, der zum Blockinnenraum hin geschlossen ist. Zu bestimmten Anlässen soll das Ehrenmal jedoch ein Ort für dienstliche Trauerfeiern, Empfänge und Zeremonien sein, bei denen besondere Regularien und Sicherheitsvorschriften gelten. An diesen wenigen Tagen wäre das Ehrenmal nicht öffentlich zugänglich.

Der rechteckige Bau mit seiner Grundfläche von 320 m² steht parallel zur Hildebrandstraße und hat eine einfache und zugleich subtile räumliche Organisation. Sein größerer, nach Norden ausgerichteter Teil ist mit ca. 10 m Höhe hallenartig ausgebildet und wird durch das halb geschlossene Bronzekleid zu einem transluzenten, der Witterung ausgesetzten Raum für die kollektive Erinnerung, dessen nördliche Stirnwand eine goldene Oberfläche bekommt, die auch die Widmungsinschrift tragen soll. Das südliche Drittel des Baus wird von einem ca. 80 m² großen, geschlossenen »schwarzen Raum« für das individuelle Gedenken eingenommen, der bis auf eine schmale Öffnung in der Decke vollständig geschlossen ist und der von dem großen Raum durch einen Verbindungstrakt mit abgehängter Decke zugänglich ist.

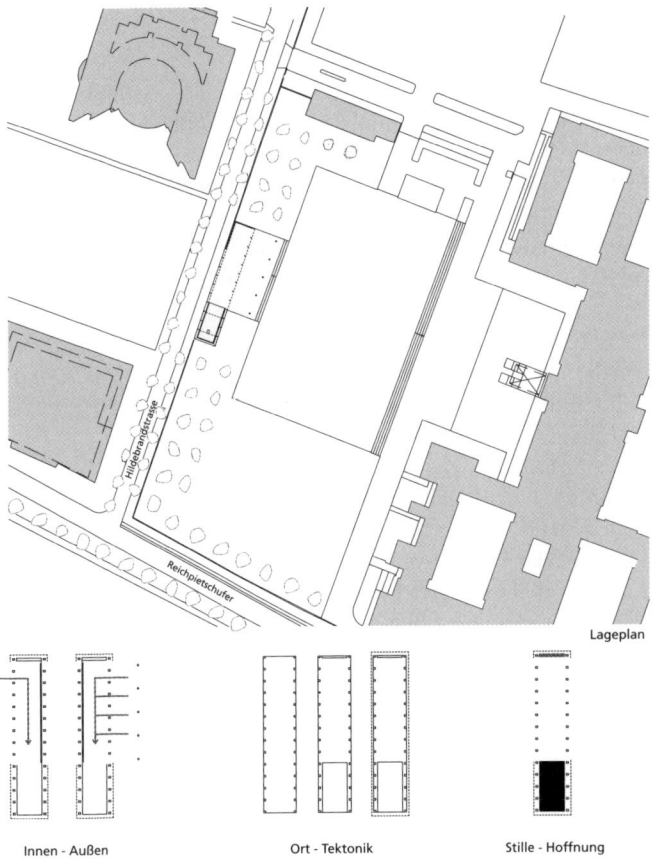

Lageplan

Innen - Außen   Ort - Tektonik   Stille - Hoffnung

Abb. 1: Lageplan des Ehrenmals mit Skizzen zur Gebäudeorganisation.

Weitere Denkmäler und Gedenkstätten
im räumlichen Kontext

Im Umfeld des vorgesehenen Ehrenmal-Standorts befinden sich eine Reihe von künstlerisch wie architektonisch bedeutsamen Denkmälern und Gedenkstätten. Die Gedenkstätte Deutscher Widerstand in der Stauffenbergstraße 11–13 ist heute eine der häufig besuchten Berliner Gedenkstätten, die an die Zeit des Nationalsozialismus erinnern. Im sogenannten Ehrenhof des bereits erwähnten Gebäudes befindet sich seit 1953 eine Denkmalskulptur von Richard Scheibe, deren Platzierung und deren Umfeld 1980 nach Plänen von Erich Reusch mit einfachen, aber wirkungsvollen Mitteln umgestaltet wurde. Seit 1983 befindet sich im angrenzenden Gebäude, in dem sich früher die Büros der Widerstandskämpfer des 20. Juli lagen, eine inzwischen erheblich erweiterte Ausstellung.

Schon seit Ende des 18. Jahrhunderts, vor allem jedoch nachdem Berlin 1871 zur Reichshauptstadt geworden war, wurde der Tiergarten Standort einer Reihe von repräsentativen und patriotischen Denkmälern. Dieses Konzept kulminierte in der 1901 auf Initiative Kaiser Wilhelms II. errichteten, von 32 Denkmalgruppen gesäumten Siegesallee zwischen dem damaligen Königsplatz vor dem Reichstag und dem Kemperplatz, die nach 1945 beseitigt wurde. Am südlichen Rand des Tiergartens und somit gegenüber vom Bendlerblock zeugen von diesem Konzept noch das Denkmal für Richard Wagner von Gustav Eberlein, die Statue des Prinzen Wilhelm, des späteren Kaisers Wilhelm I. von Adolf Brütt, auf der Luiseninsel die Statue der Königin Luise von Erdmann Encke und nördlich davon die Marmorfigur Friedrich Wilhelms III. von Friedrich Drake. Weiter östlich befindet sich an der Lennéstraße das Lessing-Denkmal von Otto Lessing und an der Ebertstraße das Goethe-Denkmal von Fritz Schaper. Zwischen Tiergartenstraße und Philharmonie befindet sich vor einer 1987 errichteten Stahlskulptur von Richard Serra eine Schriftplatte, die auf die hier befindliche sogenannte T-4-Aktion verweist, die ab 1939 die »Euthanasie«-Programme zur Ermordung von behinderten Menschen organisierte.

An der Ostseite der Ebertstraße wurde auf dem ehemaligen Grenzstreifen zwischen Vorder- und Hinterlandmauer 2005 das vom Deutschen Bundestag beschlossene Denkmal für die ermordeten Juden Europas von Peter Eisenman eingeweiht. Es besteht zum einen aus dem knapp 20000 m² großen, künstlerisch gestalteten Stelenfeld, zum anderen aus dem unterirdischen Ort der Information, der den ca. 6 Millionen ermordeten Juden ihre Namen zurückzugeben versucht und der Aufklärung über die Fakten und die europäischen Dimensionen des Holocaust gibt.

Auf der gegenüberliegenden Seite, im östlichen Teil des Tiergartens, ist der Bau weiterer Denkmäler für Opfer des Nationalsozialismus vorgesehen. Dazu gehören das Denkmal an die ermordeten Sinti und Roma nach dem Entwurf von Dani Karavan und das Denkmal an die ermordeten Homosexuellen nach einem Entwurf von Michael Elmgreen und Ingmar Dragset.

Am östlichen Ende der Linden befindet sich die Neue Wache, die 1818 nach einem Entwurf von Karl Friedrich Schinkel gegenüber dem Zeughaus errichtet wurde und die eines der bedeutendsten klassizistischen Bauwerke Deutschlands ist. Mit dem Ende der Monarchie verlor sie 1918 ihre militärische Funktion und wurde 1930 von dem Architekten Heinrich Tessenow zur »Gedächtnisstätte für die Gefallenen des Weltkrieges« umgestaltet. Auch nach 1933 behielt sie diese Funktion unter den Namen »Ehrenmal für die Gefallenen des Weltkrieges«. Nach schweren Kriegszerstörungen wurde sie ab Mitte der fünfziger Jahre auf Beschluss der DDR-Regierung zur »Gedächtnisstätte für die Opfer des Faschismus und Militarismus« rekonstruiert und 1958 wiedereröffnet. Nach dem Ende der DDR entwickelte sich eine kontroverse öffentliche Diskussion über die zukünftige Gestaltung und neue Widmung der Neuen Wache. Auf Initiative von Bundeskanzler Kohl beschloss die Bundesregierung 1993 die Wiederherstellung des Innenraums nach dem Entwurf von Tessenow sowie die Aufstellung einer vergrößerten Replik der Skulptur »Mutter mit totem Sohn« von Käthe Kollwitz. Trotz vieler Einwände wurde dieses Konzept 1993 ausgeführt. Die Entscheidung, die Neue Wache als zentrale Gedenkstätte der Bundesrepublik Deutschland den Opfern von Krieg und Gewaltherrschaft zu widmen, wurde nach anhaltender Kritik präzisiert, indem bei der Einweihung eine zusätzliche Tafel am Eingang angebracht wurde, auf der die einzelnen Opfergruppen aufgeführt sind, derer gedacht werden soll.

Das Sowjetische Ehrenmal für die getöteten sowjetischen Soldaten des Zweiten Weltkriegs wurde 1945/46 von den Bildhauern Lew Kerbel, Wladimir Zigal und dem Architekten Nikolai Sergijewski unter Verwendung von Baumaterial aus der Neuen Reichskanzlei errichtet. Es hat eigentlich einen axialen Standort, und zwar *ex ne-*

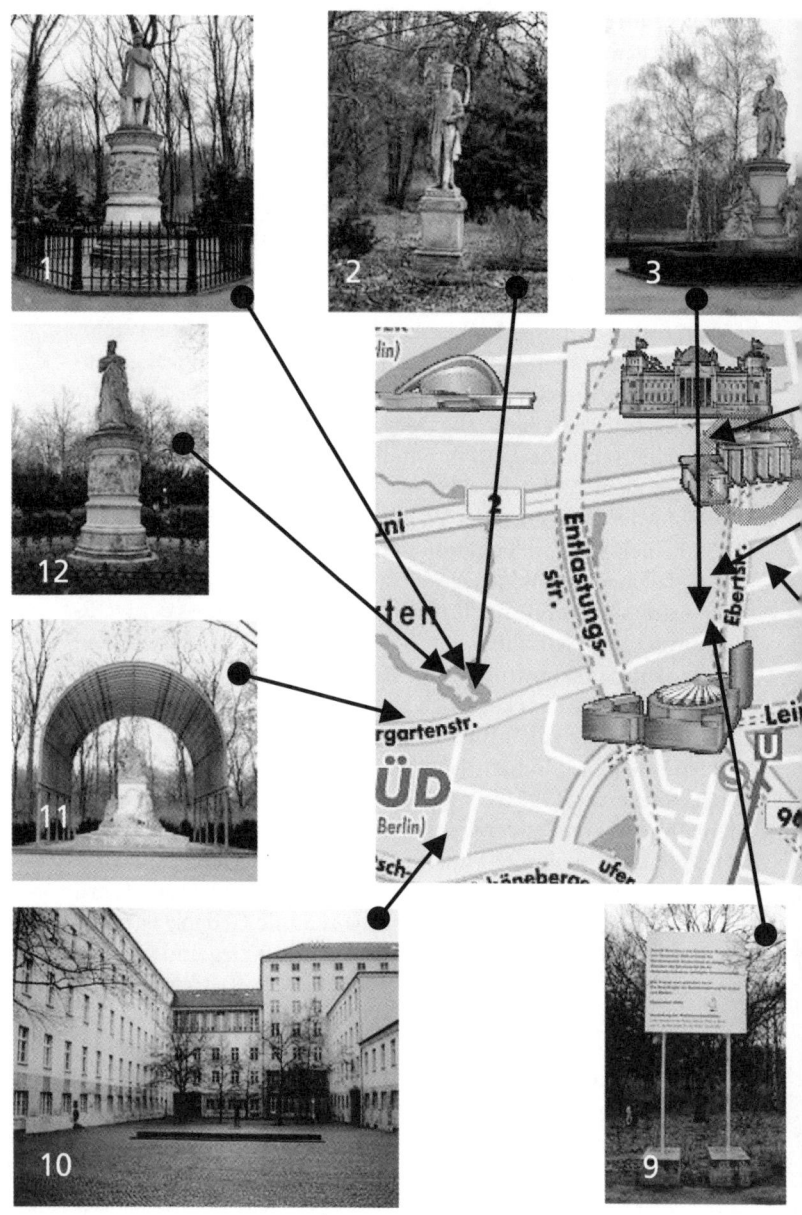

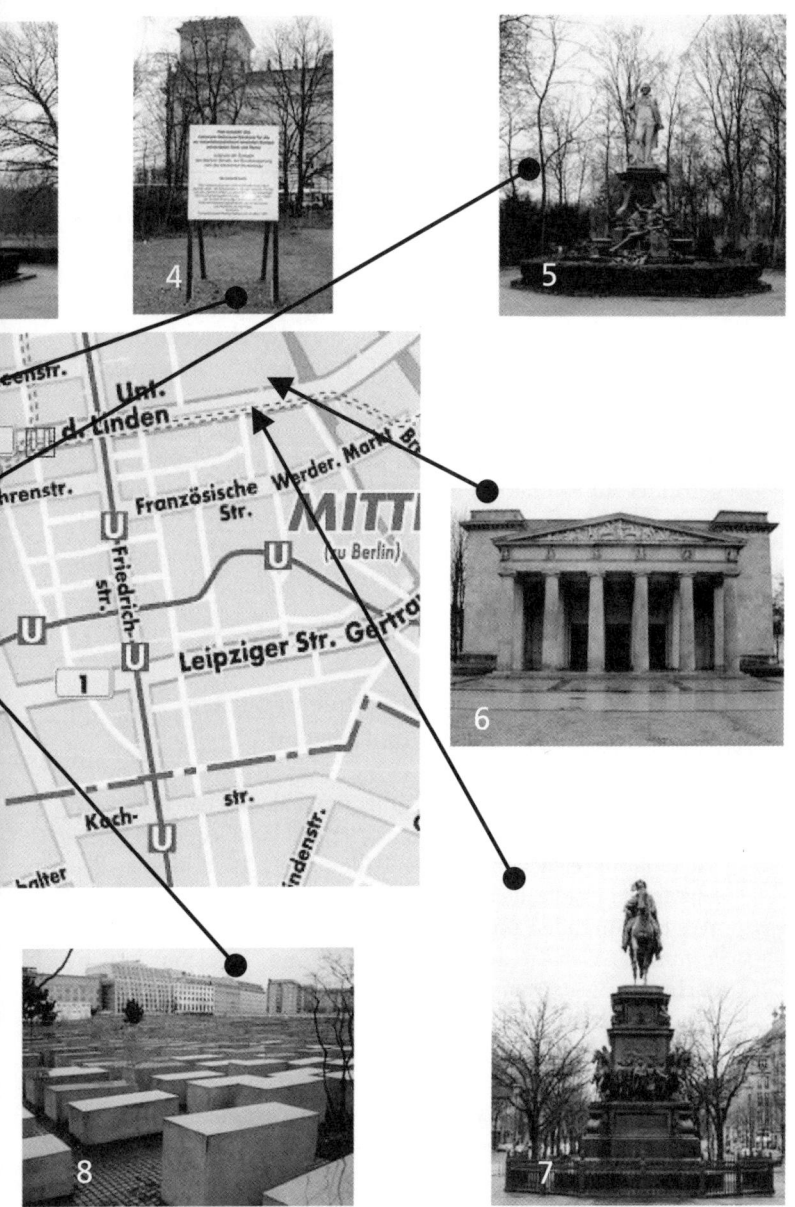

Abb. 2: Lageplan der Mitte Berlins (2007) mit Zuordnung weiterer Denkmäler und Gedenkstätten in der Umgebung des geplanten Ehrenmals.

gativo, denn es wurde als Abriegelung des Kreuzungspunkts der traditionellen Ost-West-Achse und der Siegesallee errichtet. Die Siegesallee, deren Ausbau während des Nationalsozialismus zur gigantischen Nord-Süd-Achse unter Speer bereits teilweise realisiert war, ist heute aus dem Stadtgrundriss fast völlig verschwunden. Dieses bis 1995 eingezäunte und bewachte Ehrenmal folgt mit seiner monozentrischen Anordnung einer überlebensgroßen Skulptur in einer gekrümmten, durch Panzer flankierten Arkade einem heroischen ikonographischen Konzept. Der Tatsache, dass ein derartiger Bautypus heute kaum verstanden und gelesen wird, ist wohl auch die Entscheidung zu verdanken, dass die Anlage seit der Übergabe in deutsche Verantwortung öffentlich zugänglich ist und um eine Ausstellung ergänzt wurde.

Am Großen Stern steht die Siegessäule, die 1873 auf dem Königsplatz, dem heutigen Platz der Republik westlich des Reichstagsgebäudes zur Erinnerung an die Feldzüge von 1864, 1866 und 1870 nach einem Entwurf von Heinrich Strack errichtet wurde. 1938 wurde sie in vergrößerter Form auf den jetzigen Standort umgesetzt, weil sie den von Hitler forcierten Planungen für die Nord-Süd-Achse im Wege stand.

Das Gedenken an getötete Soldaten
in Paris und London

In Frankreich, einem Land mit einer republikanischen und zentralistischen Gedenktradition, manifestiert sich das Gedenken »für die Sache Frankreichs« im Arc de Triomphe. Er steht auf der Place Charles de Gaulle, dem zentralen Platz auf der vom Louvre nach Westen führenden innerstädtischen Hauptachse von Paris (*l'axe historique*). Der Arc de Triomphe wurde auf Napoleons Initiative nach dem Sieg seiner Armee in der Schlacht von Austerlitz nach dem Entwurf von J.F.F. Chagrin von 1806 bis 1836 errichtet und trägt auf den Seitenflächen die Namen von über 550 französischen Generälen. 1921 wurde unter seinem Hauptbogen das Grabmal des unbekannten Soldaten angelegt, und 1923 wurde daneben die Ewige Flamme der Erinnerung entzündet, mit der seitdem der toten Soldaten aus den Kriegen Frankreichs gedacht wird. Die klassizistische Formensprache des Baus, der städtebaulich hervorgehobene Rang des Standorts und sein von hochwertigen zivilen Nutzungen geprägter räumlicher Kontext verdeutlichen den hohen Stellenwert des militärischen Totengedenkens in Frankreich. Darüber hinaus wurden in Paris und in anderen französischen Städten in den letzten zwanzig Jahren weitere Denkmäler für die Opfer spezieller militärischer Einsätze, etwa in Indochina oder in Algerien, realisiert.

Das nationale Kriegerdenkmal Englands steht in Whitehall, der Hauptstraße des Londoner Regierungsbezirks. Der »Cenotaph« ist ein leeres, etwa 8 m hohes Grabmal auf der Mittelachse dieser äußerst stark frequentierten, von Ministerien und zentralen Verwaltungsbauten genutzten Verbindungsachse zwischen Trafalgar Square und dem Parlament, die zeitweise Synonym für das Machtzentrum des britischen Empire war. Der von Sir Edwin Lutyens entworfene Cenotaph erhält seine Bedeutung durch die Spannung zwischen seiner schlichten Gestaltung – die Seiten des mehrfach gestuften Sockels aus Portlandstein sind nur mit Flaggen und einem Kranz geschmückt – und der intensiven Nutzung und Dichte des ihn umgebenden öffentlichen Raums. Dieses Denkmal blieb in seiner formalen Reduktion jedoch nicht unwidersprochen: 1920 wurde in der nahe gelegenen Westminster Abbey das Grabmal des unbekannten Soldaten eingeweiht. 2001 kam es im ländlichen Staffordshire zur Eröffnung des ersten Abschnitts des National Memorial Arboretum, einer Gedenkanlage, die nicht nur den militärischen, sondern auch den Opfern ziviler Hilfs- und technischer Dienste gewidmet ist. Mit dieser Gedenkanlage wird der Typus des Kriegerdenkmals nicht nur in Bezug auf den Standort, sondern auch in Bezug auf Ikonographie und Widmung definitiv erweitert.

Das Ehrenmal im Kontext der heutigen Erinnerungskultur

Diese Vergleiche machen deutlich, wie stark sich Konzeption und Standort des in Berlin geplanten Ehrenmals von historischen und zeitgenössischen Projekten des gleichen Genres unterscheiden.[3] Die folgenden Thesen sollen dies noch einmal verdeutlichen.

1. Der Standort des Ehrenmals ist kein authentischer Standort, der zu den Orten des Todes der hier kommemorierten Opfer in direkter Beziehung steht. Die Orte des Todes der hier erinnerten Menschen liegen in der Regel weit vom Standort des Ehrenmals entfernt. Der Platz des Ehrenmals ist vielmehr ein symbolischer

Standort, der durch die Nähe zum Bundesministerium der Verteidigung begründet ist, zu dem Ort mithin, an dem in der Bundesrepublik die oberste militärische Kommandogewalt lokalisiert ist.

2. Der Standort des Ehrenmals hat keinen besonders hohen Rang
in der innerstädtischen Hierarchie der öffentlichen Räume. Es ist
auch kein Standort mit einer axialen oder monozentrischen Ausrichtung. Der Baukörper steht zwar in der Mittelachse des sogenannten Paradeplatzes, aber diese Axialität wird vom Baukörper
selbst gebrochen und ist von der Straße aus gar nicht sichtbar. Der
Baukörper selbst hat einen asymmetrischen Grundriss, steht weder
mittig noch dominant im Stadtraum. Der Standort des Ehrenmals
ist vielmehr ein urbaner Standort in einer hauptstädtisch geprägten
und gemischten Nutzungsstruktur mit einem nicht unbedeuten-
den, aber nur mäßig prominenten Rang im Netz der öffentlichen
Räume.

3. Die Ikonographie des Ehrenmal-Entwurfs ist nicht militärisch
geprägt. Das Bildprogramm weist keinerlei Bezug zu militärischen
Formen oder Gegenständen oder zu einer skulpturalen Bildspra-
che auf. Vielmehr ist Mecks Entwurf durch eine abstrakte Ikonographie geprägt. Das Motiv der Erkennungsmarke nimmt Bezug
zu dem im deutschen Militär üblichen Identifizierungsritus in Form
einer aus zwei Hälften bestehenden Erkennungsmarke, die grundsätzlich jeder Soldat im Einsatz bei sich trägt. Diese für nur verhältnismäßig wenige Menschen entschlüsselbare Form wird in dem
Bronzekleid der Fassade aber nur als Hohlform aufgenommen.

4. Die Widmung des Ehrenmals bezieht sich auf die mehr als
2.600 Soldatinnen und Soldaten sowie zivilen Angehörigen der Bundeswehr, die in Erfüllung ihrer Dienstpflichten seit 1955 ihr Leben
verloren haben. Es ist zu wünschen, dass diese Widmung durch
Nennung der Namen der ums Leben gekommenen Menschen
präzisiert wird. Im Sinne einer in der heutigen Erinnerungskultur
deutlich erkennbaren Tendenz zur Individualisierung und Perso-
nifizierung der Erinnerung wäre eine Nennung der Namen aller
Menschen, deren hier gedacht werden soll, notwendig.

5. Die heutige Erinnerungskultur steht auf drei Säulen: der ratio-
nal-kognitiven, der emotional-künstlerischen und der edukativ-
pädagogischen. Weder die künstlerische Aussage allein noch die
Authentizität des Standorts garantieren heute, dass die Botschaft
eines Denkmals bzw. einer Gedenkstätte gelesen und verstanden
wird. Fast alle Denkmäler und Gedenkstätten – auch die an authen-

tischen Standorten – wurden in den letzten zehn Jahren um Infor-
mationsorte, Bildungs- und Besucherzentren ergänzt. Es wäre sinnvoll, auch beim Ehrenmal über eine weiterführende Information
zur Nennung der Einsatz- bzw. Todesorte und zur politischen Begründung des jeweiligen Bundeswehreinsatzes nachzudenken, wie
sie in den entsprechenden Beschlüssen des Deutschen Bundestages
aufgeführt sind. Mit einer solchen Information würde die Widmung
des Ehrenmals für die Gesellschaft deutlicher erkennbar, zugleich
würde ablesbar, dass die dabei ums Leben gekommenen Menschen
ihr Leben letztendlich als Folge einer demokratisch legitimierten
Entscheidung des dafür vorgesehenen politischen Gremiums verloren haben.

6. Wenn der Standort eines Denkmals auch den Stellenwert reflektiert, den das dort kommemorierte Ereignis im gesellschaftlichen Bewusstsein ausdrückt, dann ist der Standort des Ehrenmals
recht gut gewählt. Dieser Standort spiegelt den gesellschaftlichen
Stellenwert der Debatte um den Sinn militärischen Handelns in
ausländischen Krisengebieten korrekt wider. Diese Debatte hat ernst-
haft stattgefunden und ist sicherlich noch nicht abgeschlossen, aber
sie hat keinesfalls die Tiefe und Relevanz, die etwa die Debatte um
den Holocaust im kollektiven Gedächtnis der deutschen Gesellschaft
eingenommen hat.

7. Es ist eher unwahrscheinlich, dass die Errichtung des Ehrenmals zu einer nachhaltigen Etablierung eines militärischen Totenkults oder gar zur dauerhaften Verankerung militärischer Präsenz
im öffentlichen Raum der Bundeshauptstadt führt. Für einen derartigen Effekt hätte es eines zentraler gelegenen Standorts mit deutlich höherem Rang im Netz der öffentlichen Räume und eines an-
dersartigen Entwurfs bedurft.

8. Der Standort und der Bautypus des zur Realisierung vorgese-
henen Ehrenmals der Bundeswehr sind ein adäquater Ausdruck des
Status, den die Bundeswehr in unserer »postheroischen Gesellschaft«
(Herfried Münkler) hat.

Anmerkungen

1   Hartwig Schmidt, Das Tiergartenviertel, Berlin 1980.
2   Planungsbüro B. Fischer in Zusammenarbeit mit C. Fischer, Bauhistorische Do-
    kumentation zum Bendlerblock, Reichpietschufer 74–76, Berlin 1996.
3   Nikolaus Pevsner, A History of Building Types, London 1976.

Stefanie Endlich

Das Bundeswehr-Ehrenmal im Kontext der Berliner Denkmalslandschaft

Nationale und dezentrale Formen der Erinnerung

Denkmäler sind immer zugleich Dokumente ihrer Entstehungs-
zeit. Sie geben meist mehr Auskunft über die Absichten und Vorstellungen ihrer Initiatoren als über das Thema und das Ereignis,
für das sie stehen sollen. So gibt auch das künftige Bundeswehr-
Ehrenmal in Widmung und Gestaltung Aufschluss über die mit ihm
verbundenen Ziele, über das Selbstbild und über das Geschichts-
verständnis seiner Auftraggeber.

Entschieden ist, dass der in der Fachöffentlichkeit umstrittene
Entwurf des Architekten Andreas Meck nun Teil der Berliner Denkmalslandschaft werden soll. Bald wird sich zeigen, welche Rolle das
Ehrenmal darin einnehmen und mit welchen Aufgaben und Erwartungen es konfrontiert sein wird. Wegen seines prinzipiell zu-
gänglichen, bei militärischen Zeremonien jedoch streng abgeschot-
teten Standortes im hinteren Bereich des Bendlerblocks, des zweiten
Dienstsitzes des Ministeriums der Verteidigung, hat es einen nur
eingeschränkt öffentlichen Charakter (»Militärischer Sicherheits-
bereich – Vorsicht Schusswaffengebrauch«) und nimmt daher eine
Sonderstellung im Berliner Stadtraum ein. Auch als Kunstwerk – es
ist als Weihehalle gestaltet – steht es der Geschlossenheit sakraler
Räume näher als der urbanen Offenheit des Stadtzentrums. Ver-
missen lässt es jenen dialogischen Charakter, der als Qualitätsmerk-
mal für neuere Memorialprojekte gelten kann, gerade in der Hauptstadt.

Im Vergleich zu anderen deutschen Großstädten wie München,
Hamburg oder Köln wurden in Berlin in den letzten beiden Jahrzehnten besonders viele Denkmäler und Erinnerungsstätten errich-

tet. Vor allem im Zentrum der Stadt und dort besonders im touristisch frequentierten Bereich zwischen Reichstag und Potsdamer Platz, der sich stadthistorisch als bürgerlicher Gegenpol zum Schlossareal entwickelt hatte, werden Ereignisse der Zeitgeschichte in einer kaum mehr überschaubaren Fülle von Denkmälern, Erinnerungszeichen und Gedenkstätten evoziert und interpretiert. Das Bundeswehr-Ehrenmal ist am Rande des zentralen Bereiches angesiedelt, in fußläufiger Entfernung zu den anderen nationalen und zu zahlreichen weiteren dezentralen Projekten.

Vier Merkmale prägen die Berliner Denkmalslandschaft und stecken den Rahmen ab, in dem sich das Bundeswehr-Ehrenmal definieren und behaupten muss. Zum einen erinnern in Berlin, der einstigen Hauptstadt des Kaiserreichs, der Weimarer Republik und des NS-Regimes, zahlreiche Bauten und Denkmäler von hohem gesamtstaatlichem Symbolwert an die wechselvollen Etappen der deutschen Geschichte. Hier kann aber auch besonders gut studiert werden, wie über Jahrhunderte hinweg das Thema Krieg und Tod in Bau- und Kunstwerken seinen Ausdruck gefunden hat, von Andreas Schlüters Köpfen sterbender Krieger im Zeughaus und dem Brandenburger Tor über den Friedhof der Märzgefallenen in Friedrichshain und die Langemarckhalle am Olympiastadion mit ihrem nationalsozialistischen Totenkult bis hin zur Fülle der traditionellen Kriegerdenkmäler. Diese waren trotz ihrer teils menschenverachtenden Inschriften nach dem Zweiten Weltkrieg oft nahtlos übernommen und in die Gegenwart projiziert worden; manche hat man allerdings jüngst auch kritisch kommentiert und korrigiert. Das Bundeswehr-Ehrenmal steht, ob gewollt oder ungewollt, im Kontext dieser Denkmalsentwicklungen zum Thema Krieg und Tod. Woran knüpft es an, und worin sollte es sich von seinen Vorgängern unterscheiden?

Ein weiteres Charakteristikum der Berliner Denkmalslandschaft ist auf die jahrzehntelange Teilung der Stadt zurückzuführen. Zwei politische Systeme entwickelten im Zeichen des Kalten Krieges zwei Gedenkkulturen, die trotz mancher Parallelen vor allem gewichtige Unterschiede aufwiesen. Im Westteil bildeten sich die dezentralen Strukturen einer vielfältigen, vernetzten Denkmals- und Gedenkstättenlandschaft heraus, mit unterschiedlichen Themen und Schwerpunkten. Im Ostteil war die Entwicklung auf allen Ebenen eng an das offizielle Geschichtsbild der SED gebunden, dessen zentralistische Perspektive durch die Funktion als Hauptstadt der DDR noch verstärkt wurde. Die systembedingten Unterschiede sind auch heute noch an vielen Merkmalen erkennbar, fast zwei Jahrzehnte nach der Zusammenführung und den darauf folgenden ideologie-kritischen Korrekturen, Ergänzungen und Kommentierungen. Ideologiekritik ist seither ein wesentliches Kriterium bei der Beur-teilung neuer Denkmalsprojekte. Darin liegt die Schärfe der Ausei-nandersetzung mit dem inhaltlichen und gestalterischen Konzept für das Bundeswehr-Ehrenmal begründet.

Eine dritte Besonderheit entstand schließlich nach dem Eini-gungsvertrag 1990, als Berlin die Hauptstadtrolle zurückerhielt. Die heterogene Erinnerungslandschaft der beiden Stadthälften erhielt nun eine nationale Komponente. Die Einführung neuer, politisch gesetzter Themen, Vorgaben und Strategien führte zu Schwerpunkt-verlagerungen und Deutungskonflikten. Im Blick auf das Bundes-wehr-Ehrenmal stellt sich die Frage, in welcher Weise sich die Ansprüche und Leitvorstellungen einer explizit »nationalen« bun-desrepublikanischen Denkmals- und Gedenkpolitik von den bis-herigen Konzepten unterscheiden, die Bürgergruppen oder stadt-politische Initiativen nicht nur angestoßen, sondern auch inhaltlich und gestalterisch geprägt haben.

Schließlich sei noch ein viertes Merkmal der Berliner Denkmals-landschaft hervorgehoben. Weit stärker als in allen anderen Städten sind hier historische Orte, Denkmäler und Gedenkstätten miteinan-der vernetzt. Künstlerische Zeichen im Stadtraum, an Ort und Stelle oft schwer zu entschlüsseln, stehen nur auf den ersten Blick isoliert; auf den zweiten sind sie für interessierte Bürger und Besu-cher leicht mit den Vermittlungsangeboten großer und kleinerer Gedenkstätten, Museen, Institutionen und Vereine zu verbinden, die das jeweilige Thema erweitern und vertiefen helfen. Diese Wech-selwirkungen haben sich besonders bewährt, wenn es um den Na-tionalsozialismus geht, dessen Entwicklung in den großen Gedenk-stätten mit unterschiedlichen Schwerpunkten wissenschaftlich bearbeitet und didaktisch vermittelt wird. Auch die verschiedenen Formen des Gedenkens an Teilung und Mauer finden eine fundier-te dokumentarische Ergänzung in der Mauer-Gedenkstätte Bernau-er Straße, während die beiden anderen Gedenkstätten für die Op-fer des Stalinismus und des SED-Regimes derzeit noch gravierende wissenschaftliche Defizite aufweisen. In allen Bereichen der Me-morialkultur hat sich jedoch in den letzten zwei Jahrzehnten eine tiefgreifende Veränderung vollzogen. Das traditionelle, objektgebun-

dene Verständnis, ein Denkmal sollte gewissermaßen die »eigentliche« Erinnerung verkörpern und als Zeichen ehrenden Gedenkens
für sich allein stehen, wurde abgelöst vom Konzept eines komplexen Erinnerungs- und Vermittlungszusammenhangs, bei dem es
vor allem auf die gesellschaftlichen Wechselwirkungen, auf Vor-
kenntnisse und Eigenaktivitäten des Betrachters und auf inhaltli-
che Auseinandersetzung mit dem Thema ankommt.

Eng verbunden mit diesem erweiterten Denkmalsverständnis war
die Entwicklung neuer ästhetischer Konzepte, die oft schon in der
Wortwahl – »Denkzeichen« statt Denkmal – zum Ausdruck kam.
Dabei ging es nicht allein um Veränderungen der traditionellen
Form, die in der Nachkriegszeit wieder an Motive von Grabmals-
kunst angeknüpft oder sich auf die menschliche Figur – in Opfer-
oder in Siegerhaltung – konzentriert hatte. Es ging zugleich um eine
veränderte Einstellung zum Thema selbst, um Abkehr von überlie-
ferten Ritualen und um gesellschaftskritische Auseinandersetzung
mit bisherigen Versäumnissen der Erinnerungskultur.

Mit diesen neueren Denkmälern, Zeichen und stadträumlichen
Interventionen entstanden nun nicht mehr weihevolle Standbilder,
Pylonen oder Trauerhallen, sondern Werke aus dem Geist der aktuellen Entwicklung der bildenden Kunst. Oft haben sie die Form
begehbarer Installationen. Manche stehen der Konzeptkunst nahe,
arbeiten mit Schrift, mit computergesteuerten Lichtprogrammen
oder mit Mitteln der Alltagsästhetik. Während die Memorialkunst
einst als besonders konservative Sparte galt und noch in den Nach-
kriegsjahrzehnten kaum eigenständige Ansätze hervorgebracht hatte,
entwickelten sich nun innovative Formen, die auch im Ausland
Beachtung fanden.

Einige Projekte im Berliner Stadtraum seien hier beispielhaft er-
wähnt: Das Denkmal »Orte des Erinnerns« von Renata Stih und
Frieder Schnock im Bayerischen Viertel, das an die Ausgrenzung,
Vertreibung und Deportation der Juden erinnert; die Synagogen-
»Spiegelwand« in Steglitz von Wolfgang Göschel und Joachim Ro-
senberg; das Deportationsmahnmal »Gleis 17« von Nikolaus Hirsch,
Wolfgang Lorch und Andrea Wandel am Bahnhof Grunewald;
Micha Ullmans unterirdische »Bibliothek« auf dem Bebelplatz zur
Erinnerung an die Bücherverbrennung; und Patricia Pisanis Instal-
lation an der Murellenschlucht für die dort hingerichteten Opfer
der Wehrmachtsjustiz.[1]

Diese und zahlreiche weitere Kunstwerke sind durch Initiativen engagierter Bürgergruppen entstanden. An den historischen Orten des Geschehens tragen sie zur Auseinandersetzung mit dem Nationalsozialismus bei. Zugleich haben sie weit über Berlin hinaus Maßstäbe gesetzt für das intellektuelle wie auch für das künstlerische Niveau zeitgenössischer Memorialkunst. Daran knüpften auch Denkmalsprojekte an, die sich auf die Geschichte nach 1945 beziehen, so Wolfgang Rüppels Installation zur Erinnerung an die Ereignisse des 17. Juni 1953 vor dem Ministerium für Finanzen, das Kunstwerk von Karla Sachse für die Opfer der NKWD- und Stasi-Haftstätte Prenzlauer Allee und die sieben künstlerischen Interventionen, die die ehemaligen innerstädtischen Grenzübergänge markieren. Im Kontext dieser neuen Ansätze steht auch das »Denkzeichen Rosa Luxemburg« von Hans Haacke vor der Volksbühne in Berlin-Mitte.

Die anfangs erwähnte Korrespondenz zwischen Denkmälern an den historischen Ereignisorten und den Berliner Gedenk- und Dokumentationsstätten hat im Nachhinein auch eine Art von ergänzender Arbeitsteilung im Blick auf die Annäherung an das Thema ergeben. Während Künstlerinnen und Künstler ihre Werke oft absichtsvoll verschlüsselt anlegen und es mit gutem Grund nicht als ihre Aufgabe ansehen, an Ort und Stelle auch pädagogisch wirksame Hintergrundinformationen anzubieten, setzen die meisten Gedenkstätten zumindest in jüngerer Zeit auf Sachlichkeit und verzichten auf dauerhafte künstlerische Eingriffe und Überformungen. Ins Zentrum ihrer Arbeit stellen sie den historischen Ort mit seinen noch vorhandenen Baulichkeiten, Relikten und Spuren und machen ihn durch vertiefende Ausstellungen und Bildungsarbeit als Lernort kenntlich. Frühe Denkmäler, selbst Teil der Entstehungsgeschichte der Gedenkstätten, werden heute vor allem als Zeitdokumente gesehen und kritisch analysiert, wie die 1953 von Richard Scheibe geschaffene Bronzefigur eines nackten muskulösen Mannes mit gefesselten Händen im Ehrenhof der Gedenkstätte Deutscher Widerstand, nur wenige Schritte vom Standort des künftigen Bundeswehr-Ehrenmals entfernt. Sie soll den Geist des Widerstandes verkörpern, wie er im Aufstand der Offiziere des 20. Juli 1944 zum Ausdruck kam. Tatsächlich hat hier der zuvor von Hitler hoch geschätzte Bildhauer seine in der NS-Zeit entstandenen und das nationalsozialistische Menschenbild verkörpernden Werke, zum Beispiel zur »Befreiung der Saar«, nur variiert. Richard Scheibes Skulptur wurde in der Einweihungsrede am 20. Juli 1953 zugleich den Opfern des Stalinismus vom 17. Juni im Ostteil der Stadt gewidmet. So verweist sie nicht nur auf befremdliche Kontinuitäten künstlerischer Arbeit vor und nach 1945, sondern zeugt auch von den durch den Kalten Krieg erzwungenen neuen Prioritäten in der Erinnerungspolitik.

Die Entwicklungsetappen der Gedenkstätte Deutscher Widerstand am Ort des Umsturzversuchs in der Stauffenbergstraße lassen zugleich exemplarisch erkennen, wie der Umgang mit dem Thema schrittweise erweitert und auf wissenschaftliche Basis gestellt wurde. Dokumentiert wird nun nicht mehr nur die militärische und konservative Opposition, sondern das gesamte Spektrum des Widerstandes mit der Vielfalt seiner Richtungen und Ziele. Die Gedenk- und Bildungsstätte »Haus der Wannsee-Konferenz« dokumentiert die Zerstörung des jüdischen Lebens in ganz Europa am Ort jenes Treffens, bei dem im Januar 1942 über die »Endlösung« beraten wurde. Die »Topographie des Terrors« auf dem Gelände der Planungszentralen von Gestapo, SS und Sicherheitsdienst informiert über die Strukturen und Bedingungen der nationalsozialistischen Terrorherrschaft. Unter den deutschen Erinnerungsstätten nimmt sie eine Sonderstellung ein, denn dieser Ort steht für die Gesamtheit der NS-Verbrechen und deren europäische Dimension.

Das »Deutsch-Russische Museum Karlshorst«, in dessen Gebäude am 8./9. Mai die Kapitulationsurkunde unterzeichnet wurde, erinnert an den rassistischen Eroberungskrieg gegen die Sowjetunion, die mit 25 bis 30 Millionen Toten die höchsten Verluste im Zweiten Weltkrieg erlitten hatte. Kleinere Einrichtungen wie die den Opfern des frühen NS-Terrors gewidmete Gedenkstätte Köpenicker Blutwoche oder die jüngste Gründung, das Dokumentationszentrum NS-Zwangsarbeit Berlin-Schöneweide, ergänzen das Spektrum der thematischen Angebote. Darüber hinaus gehören auch die im Umland liegenden großen KZ-Gedenkstätten Sachsenhausen und Ravensbrück zur Berliner Erinnerungslandschaft.

Vergleichbare Wechselwirkungen zwischen Gedenkstätten, Memorialkunst und Wissenschaft haben sich auch im Bereich des Gedenkens an die Opfer des Stalinismus und des SED-Unrechts entwickelt. Das Dokumentationszentrum der Mauer-Gedenkstätte Bernauer Straße bietet an einem historischen Brennpunkt vertiefende Informationen zur Geschichte des geteilten Berlin und der deutschen Teilung. Für das vom Berliner Senat entwickelte »Gesamtkonzept zur Erinnerung an die Berliner Mauer«, das zahlreiche Orte und Erinnerungszeichen entlang des einstigen Mauerverlaufs einbindet und vernetzt, hat das Dokumentationszentrum eine zentrale Funktion. Das zu ihm gehörende »Denkmal für die Opfer der Mauer« der Architekten Kohlhoff und Kohlhoff, die optische Verlängerung eines noch existierenden Mauerstücks durch eine spiegelnde Wand, entstand im Rahmen eines vom Senat beschlossenen und vom Deutschen Historischen Museum betreuten Wettbewerbs. Vom Bund finanziert, wird es vom Kulturstaatsminister in seinem neuen Gedenkstättenkonzept als »nationales Denkmal« bezeichnet. Dort ist auch die Absicht bekräftigt, die Mauergedenkstätte mit der Erinnerungsstätte Notaufnahmelager Marienfelde in einer Landesstiftung »Berliner Mauer« zusammenzufassen. An die Opfer des Staatssicherheitsdienstes der DDR erinnern die Gedenkstätten Hohenschönhausen und Normannenstraße, beide in historischen Gebäuden des Ministeriums für Staatssicherheit untergebracht, die eine in einem Teil des einstigen Untersuchungsgefängnisses, die andere in Erich Mielkes Amtssitz.

Die nationalen Denkmalprojekte, die nach 1990 in der Bundeshauptstadt angesiedelt wurden, sind zwar Teil der Berliner Erinnerungslandschaft, unterscheiden sich jedoch von der Vielzahl der dezentralen Denkmäler durch ihren hervorgehobenen Status und ihre explizit politische Zielsetzung. Sie sind Träger eines neuen nationalen Selbstverständnisses. Zum einen sollen sie dazu beitragen, den Bürgerinnen und Bürgern gemeinsame Werte nahe zu bringen, indem bestimmte staatlich erwünschte Geschichtsbilder definiert und bildhaft beschrieben werden. Zum anderen wird dem Ausland gegenüber bekräftigt, dass Deutschland als wiedervereinigte Nation bestimmte bisher vernachlässigte Erinnerungspflichten erfolgreich bewältigt habe. Solche Bestrebungen, Errungenschaften eines politisch definierten »kulturellen Gedächtnisses« symbolhaft zu verankern und zu demonstrieren, sind allerdings schwer vereinbar mit den zuvor beschriebenen Entwicklungslinien der aktuellen Denkmalskunst, die politische Vorgaben und gesellschaftliche Sichtweisen kritisch hinterfragt.

Eine besondere Entstehungsgeschichte hat die nach den Vorstellungen des damaligen Bundeskanzlers 1993 eingerichtete »Zentrale Gedenkstätte der Bundesrepublik Deutschland für die Opfer von Krieg und Gewaltherrschaft« in Schinkels Neuer Wache Unter den

Linden. Sie stellte im Wesentlichen eine Wiederaufnahme des vor der Wende am Widerstand von Parlament und Öffentlichkeit gescheiterten nationalen Mahnmalsprojektes der konservativen Bonner Regierung und des Volksbundes Deutsche Kriegsgräberfürsorge dar, damals geplant in Form einer riesig dimensionierten Dornenkrone auf den Bonner Rheinauen. Die Neue Wache knüpft konzeptionell und gestalterisch an die bundesrepublikanische Tradition der Ehrungen aus der frühen Nachkriegszeit an, die NS-Opfer neben gefallene Soldaten, Bombenopfer, Kriegsgeschädigte, Vertriebene und Stalinismusopfer stellten und dafür bevorzugt einen sakralen Rahmen und Formen christlicher Leidens- und Opfermotive wählten. Für Berlin trat die Neue Wache 1993 – mit neuer Gestaltung und veränderter Widmung – an die Stelle des zu DDR-Zeiten offiziellen zentralen »Mahnmals für die Opfer des Faschismus und Militarismus«. In quasi nahtlosem Übergang übernahm sie zugleich die bisherige Funktion der Ehrenmalanlage auf dem ehemaligen Neuköllner Standort-Friedhof. Dort diente von 1966 bis 1993 eine im Jahr 1939 erbaute Heldengedenkanlage für Gefallene des Ersten Weltkriegs, neben der auch mehr als 6000 Tote des Zweiten Weltkriegs begraben liegen, als zentraler Gedenkort für die Toten der beiden Weltkriege im Westteil der Stadt. Zentrum der jährlichen Feiern am Vorabend des Volkstrauertags war der 1948 entwendete und nach West-Berlin gebrachte Silberkranz von Ludwig Giese aus der alten Neuen Wache, platziert in einem kryptaähnlichen Raum, der hierfür 1966 auf der Freitreppe vor der in der NS-Zeit erbauten Ehrenhalle errichtet worden war. Im Jahr 2006 wurde der Silberkranz ins Deutsche Historische Museum gebracht; an seiner Stelle soll demnächst eine Skulptur von Fritz Cremer stehen.

Mit ihrer pauschalen Widmung und ihrem Pietà-Motiv im Zentrum beinhaltet die Neue Wache eher Parallelen zur Vielzahl jener – längst selbst zu einem abgeschlossenen Stück Geschichte gewordenen – Ehrenmale für Gefallene früherer Kriege als Bezüge zu jenen Werken der aktuellen Memorialkunst, die sich mit ihren Themen auf reflexive, diskursive, oft auch provokative Weise auseinandersetzen und versuchen, unerwartete, verdrängte oder widerspenstige Entwicklungen aufzuspüren und bewusst zu machen.

Die Kritik der Öffentlichkeit und insbesondere der Vertreter der Juden gerade an der Widmung und der christlichen Motivik der Neuen Wache führte zum Versprechen des damaligen Bundeskanzlers, ein gesondertes »Denkmal für die ermordeten Juden Europas« zu errichten. Das riesige begehbare Stelenfeld mit einem unterirdischen »Ort der Information« setzte einen markanten neuen Schwerpunkt in der Berliner Erinnerungslandschaft. Wie das ebenfalls vom Bund betriebene Jüdische Museum von Daniel Libeskind gilt auch das »Holocaust-Denkmal« als herausragendes Baukunstwerk, das Berlins Rang als Architekturmetropole unterstreichen soll. In unserem Zusammenhang ist von besonderem Interesse, dass sich der Bundestag, der sonst Entscheidungen über Kunst grundsätzlich an einen Beirat delegiert, ausdrücklich auch für die Realisierung dieses konkreten Entwurfs von Peter Eisenman aussprach. Damit wurde im Parlament ein emotional hoch wirksames Raumkunstwerk zum nationalen Denkmal erklärte, das eine stark identifikatorische Haltung des Erinnerns und Gedenkens nahe legt, indem es die Besucher motivieren will, sich mit all ihren Sinnen in die Situation der Opfer zu versetzen. Zugleich beschloss der Bundestag ausdrücklich, das »Holocaust-Denkmal«, wie von seiner Bürgerinitiative von Anfang an intendiert, ausschließlich den ermordeten Juden zu widmen und nicht zugleich, wie viele es forderten, den anderen Opfern der rassistischen Vernichtungspolitik. Eine direkte Konsequenz dieser Entscheidung ist die Entstehung weiterer nationaler Denkmäler für andere Verfolgtengruppen, so der im Frühjahr 2008 eingeweihte Gedenkort von Michael Elmgreen und Ingar Dragset für die im Nationalsozialismus verfolgten Homosexuellen und Dani Karavans »Hommage« für die ermordeten Sinti und Roma, das 2009 realisiert werden soll, beide in unmittelbarer Nähe des »Holocaust-Denkmals«. Im Kontext der nationalen Denkmalsetzungen ist auch die geplante Erneuerung des wenige Schritte entfernten, bisher kaum wahrgenommenen Gedenkortes für die Opfer des »Euthanasie«-Programms »T 4« zu sehen. Er befindet sich vor dem Philharmoniegebäude, einst Tiergartenstraße 4, wo damals die Mordaktion geplant wurde.

Weitere nationale Vorhaben sind das 2007 vom Bundestag beschlossene »Freiheits- und Einheitsdenkmal«, das voraussichtlich am Berliner Schlossplatz auf dem monumentalen Sockel des 1950 abgeräumten Reiterdenkmals Kaiser Wilhelms I entstehen wird. Als »Denkmal der Freude« soll es dem 9. November 1989 gewidmet sein, der »einzigen geglückten deutschen Revolution«. Auch beim geplanten nationalen Vertriebenenzentrum im Deutschlandhaus, gegenüber dem symbolträchtigen Portal des Anhalter Bahnhofs, wird es gemäß dem Konzept des Kulturstaatsministers von 2007 ein »künstlerisches Element des Gedenkens« geben.

Wie diese Projekte ist auch das Bundeswehr-Ehrenmal ein Resultat der bundesrepublikanischen Gedenkpolitik, die auf Identitätsstiftung und Selbstvergewisserung zielt und dafür Richtung und Rahmen definiert. Beim Findungsverfahren wurde hier allerdings auf jene breite demokratische Legitimation verzichtet, die in Form von Diskussions- und Wettbewerbskultur seit zwei Jahrzehnten die Entwicklung der Berliner Denkmalslandschaft prägt und zu deren Vielfalt und Qualität wesentlich beigetragen hat. Mit Ausnahme der Neuen Wache hatte man sich auch bei den nationalen Vorhaben um demokratische Verfahren und Transparenz bemüht.

Dass dies beim Bundeswehr-Ehrenmal versäumt wurde, beeinträchtigt das Ergebnis auf gravierende Weise. Der Entwurf des Architekten Andreas Meck lehnt sich an traditionelle soldatische Ehrenmale und Weihehallen an, die vor allem in der Zeit zwischen den beiden Weltkriegen gebaut wurden und Erhabenheit und Pathos vermitteln sollten. Wie bei der 1931 von Heinrich Tessenow umgestalteten Neuen Wache ist auch beim Bundeswehr-Ehrenmal der eigentliche Ort des Gedenkens eine schwarze Trauerhalle (»Cella«) mit einem Loch in der Decke, das die Verbindung von Himmel und Erde symbolisieren soll und Licht auf einen Monolithen aus symbolhaftem Naturstein fallen lässt. Die goldene Außenhaut der Stahlbetonkonstruktion mit Ausstanzungen in Form halber Erkennungsmarken spielt auf den Soldatentod an und macht Thema und Widmung des Ehrenmals zum dekorativen architektonischen Attribut.[2]

Zeitgemäße Formen der Memorialkunst im In- und Ausland haben deutlich gemacht, dass die Auseinandersetzung mit dem Thema Tod nicht zu den sakralen Formen des traditionellen Soldatengedenkens führen muss.[3] Selbst in den bei nationalen Denkmalsetzungen äußerst konservativen USA wurde mit Maya Lins unkonventionellem – daher auch als »unpatriotisch« angegriffenem – Vietnam Veterans Memorial in Washington D.C. ein Maßstab gesetzt. Viele Beispiele zeitgenössischer Denkmalskunst wollen heute keine sinnstiftenden Botschaften mehr verkünden, sondern Fragen stellen und zur Auseinandersetzung anregen. Das Berliner Ministerium der Verteidigung hat jedoch die öffentliche Debatte gescheut und den Findungsprozess gegen die Anregungen der Gegenwartskunst regelrecht abgeschottet. Beim Verfahren im Sommer 2007, das der Auslober als »Architekten- und Künstlerwettbewerb«[4] bezeichnete, wurden die für die öffentliche Hand nicht nur im Architekturbereich verpflichtenden, sondern auch im Kunstbereich anerkannten und üblichen Regeln des Wettbewerbswesens – die Grundsätze und Richtlinien für Wettbewerbe auf den Gebieten der Raumplanung, des Städtebaus und des Bauwesens (GRW) – auf fast allen Ebenen außer acht gelassen. Dies geschah, obwohl es hier um ein staatliches Vorhaben mit öffentlichen Geldern geht, das aufgrund seiner besonderen Bedeutung auch ein Höchstmaß an Transparenz und Konsens erfordert hätte. Kunstsachverständige waren in den Entscheidungsprozess nicht einbezogen. Die Formfindung wurde, obwohl unter den sechs eingeladenen Teilnehmern auch zwei aus dem Bereich der bildenden Kunst kamen, von allen Mitwirkenden offensichtlich als rein architektonische Aufgabe begriffen. Um diese zu bewältigen, griffen fast alle Entwerfenden auf abgegriffene Metaphern und Symbole des Soldatengedenkens vergangener Epochen zurück.

Eine öffentliche Debatte um Widmung, Aufgabe, Standort und Gestaltung eines Denkmals gehört nicht nur zur notwendigen Transparenz des Wettbewerbswesens, sondern ist ein wichtiger Teil des Denkmals selbst, wie immer es schließlich konkret beschaffen ist. Der Verzicht darauf, diese Debatte anzustoßen, sie zu fördern und in das Findungsverfahren einzubinden, wurde von vielen Seiten als Versuch des Auftraggebers gewertet, inhaltlichen Fragen auszuweichen und den aktuellen politischen Kontext der Denkmalsetzung – die kontroverse Debatte um bisherige und zukünftige Auslandseinsätze der Bundeswehr – zu verbergen. Wie ein Fremdkörper wurde das Ehrenmal in die Berliner Erinnerungslandschaft implantiert. Ob solch eine nahtlose und fraglose Rückkehr zu Denk- und Memorialformen der Vergangenheit mit dem demokratischen Anspruch der Bundeswehr (»Staatsbürger in Uniform«) in Einklang gebracht werden kann und was eine solche Haltung für das Bild der Bundeswehr in der Öffentlichkeit bedeutet, wird sich in den Diskussionen nach der Realisierung zeigen.

Anmerkungen

1 Siehe auch Stefanie Endlich, Wege zur Erinnerung. Gedenkstätten und –orte für die Opfer des Nationalsozialismus in Berlin und Brandenburg, Berlin 2007.

2 Zur kritischen Auseinandersetzung mit der Ikonographie des Ehrenmals siehe vor allem Hans-Ernst Mittig, Zum Bundeswehr-Ehrenmal. Zeitbezug, Ortswahl, Material; Christian Fuhrmeister, Leben und Tod: Karabinerschlösser 1939, Erkennungsmarken 2007? und weitere Beiträge im Zusammenhang mit dem Workshop »Soldatentod und demokratische Gedenkkultur« (Ulmer Verein 2007), in: http://www.zeitgeschichte-online.de/md=Bundeswehr-Ehrenmal-Inhalt.

3 Stefanie Endlich, Krieg und Denkmal im 20. Jahrhundert, in: Dieter Hübener/ Kristina Hübener, Julius H. Schoeps (Hg.), Kriegerdenkmale in Brandenburg von den Befreiungskriegen 1813/15 bis in die Gegenwart, Berlin 2003, S. 13–48.

4 Das Ehrenmal der Bundeswehr. Informationen und Hintergründe. Informationsbroschüre des Bundesministeriums der Verteidigung, Juni 2007 (auch als Internetfassung).

Hans-Ernst Mittig

Sind demokratische Werte monumental repräsentierbar?

Stefanie Endlich hat das Bild einer neueren Denkmalsetzungspraxis in Berlin entwickelt, die als Ganzes am Prinzip demokratischer Partizipation orientiert ist. Ich schließe daran mit der Frage an, wie ein einzelnes Monument demokratische Werte anschaulich machen kann. Das ist eine Vorfrage bei dem kritischen Blick auf das Bundeswehr-Ehrenmal und für die Suche nach angemessenen Orten und Formen.[1] Der Beschluss des Deutschen Bundestages vom 9. November 2007, ein Denkmal der Deutschen Einheit errichten zu lassen, wird erneut die Frage aufwerfen, ob und wie demokratische Werte monumental repräsentierbar sind.

Dass sie es einmal waren, wird schon durch die Nachgeschichte der New Yorker Statue der »Freiheit, die die Welt erleuchtet« bewiesen, die in der Linken eine Tafel mit dem Datum der amerikanischen Unabhängigkeitserklärung von 1776 hält.[2] In demselben Einweihungsjahr 1886 stellte das Denkmal für Winkelried in Sempach auch eine Verbindung des Demokratiethemas zum Soldatentod her. Winkelried wurde dafür gefeiert, dass er sich 1386 im Kampf der Schweizer Eidgenossen gegen den österreichischen Adel geopfert haben soll. Er kann unter anderem als republikanisch-demokratische Symbolfigur begriffen werden, besonders dann, wenn die tendenzielle und historische Konvergenz dieser beiden Begriffe bedacht wird.

Ein demokratischer Konsens bestand in Preußen damals nicht. Bestrebungen, in Rastatt ein Denkmal für die Kämpfer der Revolution von 1848/49 zu errichten, wurden von der preußischen Administration unterbunden.[3] Aufgestellt werden konnte 1899 nur ein Findling mit der Aufschrift: »Ruhestätte für die im Jahre 1849 standrechtlich Erschossenen«; er wird heute zu den Erinnerungszeichen einer »Straße der Demokratie« gezählt.[4] Der Findling in Rastatt erinnert *ex negativo* auch daran, mit welch gewaltigen Mitteln gleichzeitig – von Baden bis Brandenburg – antidemokratische Werte repräsentiert wurden.[5] Der preußische Kronprinz Wilhelm, der die letzten revolutionären Demokraten in Rastatt hatte erschießen lassen, wurde später als Deutscher Kaiser mit dem Reiterdenkmal am Deutschen Eck in Koblenz gefeiert.[6]

Ein Jahrhundert später kann anhand einer Fülle neuer und teils neuartiger Monumente die Frage bearbeitet werden, »wie die Werte der Demokratie repräsentativ dargestellt werden könnten«. Diese Worte galten 1976 in der kunsthistorischen Zeitschrift »Kritische Berichte« dem Beitrag des Bauhauses in Weimar und Dessau zu einer demokratischen Kultur in der Weimarer Republik.[7] Eine entsprechende Frage richtete Walter Grasskamp 1992 an den heutigen Kunstmarkt, ohne auch »Monumente« zu untersuchen.[8] 1984 lautete der Untertitel von Burkhard Fehrs Monographie über die antike Tyrannentötergruppe: »Kann man der Demokratie ein Denkmal setzen?«[9] Das kam der Frage nach der monumentalen Repräsentierbarkeit demokratischer Werte einen Schritt näher.

»Monumental« deutet auf das Medium hin, das in der Kunstwissenschaft »Denkmal im engeren Sinne«, oft auch »Monument« genannt wird und unter dem man sich meistens unter freiem Himmel errichtete Ehrenstatuen und -zeichen vorstellt, die an etwas erinnern sollen. »Monumental« bezeichnet aber in graduell abweichender Bedeutung zugleich Werke – besonders Bauwerke – anderer Zweckbestimmung, wenn ihre Form so nachdrücklich wirkt, dass man darin den Ausdruck weitergehender, ausdeutender oder überhöhender Mitteilung erkennt.

Ein monumentales Kunstwerk ohne Denkmalcharakter ist Eduardo Chillidas mehr als fünf Meter hohe Stahlplastik vor dem Berliner Bundeskanzleramt. Ihr Titel »Berlin« bezeichnet nicht eine Erinnerung, sondern – nach den Worten des Bundeskanzlers Gerhard Schröder – ein »Wahrzeichen des neuen Deutschlands«, also ein Werk, das allenfalls später einmal an etwas erinnern wird.[10]

Das Repräsentieren demokratischer Werte kann deutlicher sein, wenn ein Denkmal oder ein monumentales Bauwerk spezifisch demokratische Prozesse widerspiegelt oder begleitet, also nicht wie Chillidas Skulptur der jahrhundertealten Vorstellung von machtvoller Kanzlerschaft nachhilft, sondern eine Volksvertretung anzeigt. Dazu eignen sich die Gebäude, in denen demokratisch legitimierte

Versammlungen tagen sollen und deren Außenbau erkennen lässt,
dass dabei nicht nur Erörterung angestellt, sondern Macht ausge-
übt wird. Berlin zeigt einen paradigmatischen Beispielfall für die
Frage, ob eine außenräumliche Repräsentation demokratischer
Werte heute überhaupt noch anderen Kunstgattungen als der Architektur zuzutrauen ist (Abb. 1). Zugleich lässt »der Reichstag« aber
daran zweifeln, dass neue architektonische Denkmäler an seine Dar-
stellungskraft heranreichen könnten. Das Reichstagsgebäude über-

Abb. 1: Berlin, Reichstagsgebäude nach der Einweihung 1894
(Postkarte um 2005).

trifft an Ausdehnung, Benutzbarkeit, Aufmerksamkeitswert und
sogar evozierter Geschichtserinnerung alle in Betracht kommenden Denkmäler im engeren Sinne. Es wies schon zu seiner Entste-
hungszeit auf – parlamentarische – Demokratie voraus: nicht nur
wie üblich durch die Einrichtung eines Plenarsaals,[11] sondern durch
eine künstlerische Überhöhung des Äußeren; »die Ideen des Parlamentarismus und auch der Reichseinigung« sollten »verbildlicht
werden«, registrierte Michael S. Cullen zum Programm des 1894
eingeweihten Gebäudes.[12] Ob dies gelungen ist, war und blieb zweifelhaft. Eine Beziehung zu der Tätigkeit des Parlaments war an der
Dekoration des Außenbaus nicht zu erkennen[13] – eher noch an der
Kuppel, über deren endgültige Form kurz vor 1890 entschieden

wurde.[14] Ihre moderne Stahl- und Glaskonstruktion nährte eine Aversion des Kaisers gegen dieses Bauwerk wie gegen das Parlament selbst.[15] Der rechteckige Grundriss der Kuppel wies darauf hin, dass in einem Saal darunter eine politische Versammlung arbeiten, nicht etwa Gottesdienst gehalten werden sollte.[16]

Um 1970 hat Thomas Wellmann in seinem Dissertationsprojekt herausgearbeitet, dass der Architekt Paul Wallot mit der Kuppel auf oblongem Grundriss eine symbolische Form für Parlamentarismus fand.[17] Sie hat französische Vorläufer – wahrscheinlich Vorbilder. Wellmann nannte die Vierkantkuppel des Hôtel-de-Dieu in Lyon (1739–1748),[18] der Architekt Wallot die runde Kuppel der Pariser Oper (1860–1875),[19] aber ein inhaltlich näherstehendes Beispiel ist die 1779 bis 1782 erneuerte östliche Fassade des Pariser Palais-de-Justice, in dessen Grande Chambre am Vorabend der Französischen Revolution das Parlament getagt hatte. Dort tritt die vierkantige Kuppelform an einer Schauseite auf.[20] Sie betonte in Deutschland Monumente beanspruchter und später erreichter Gewaltenteilung – des anderen demokratischen Grundprinzips – während der beiden letzten Jahrzehnte des 19. Jahrhunderts beim Bau des Reichsgerichtsgebäudes in Leipzig und des Justizpalastes in München, zeichnete in Dresden allerdings auch einen repräsentativen Bahnhof aus. Dann wurde die Vierkantkuppel wieder Kennzeichen eines Parlamentsgebäudes, des 1894 bis 1902 errichteten Bundeshauses in Bern.

Wellmann tadelte an Paul Baumgartens Umbau des Reichstagsgebäudes (1961 – 1972), dass mit dem damaligen Verzicht auf Wiederherstellung der Kuppel der einzige Teil des Altbaus aufgegeben worden sei, der weithin auf eine parlamentarische Versammlung und damit auf Demokratie hingewiesen habe, und zwar für den aufmerksamen Betrachter besonders durch seinen Grundriss, in dem die Rechteckform des Plenarsaals nachgewirkt habe.[21]

Dieser Aspekt scheint in den zahlreichen Publikationen zum Bautyp Parlamentsgebäude vergessen zu sein,[22] selbst wo eine Kuppel als der »erhabene Ausdruck der Demokratie«,[23] »ein Symbol der Volkssouveränität«[24] empfohlen wurde. Eine spezifisch demokratische Semantik der Viereckkuppel wurde auch nicht erwogen, als 1993 beim vorläufig letzten Umbau des Reichstagsgebäudes zu ungunsten von Santiago Calatravas kantiger Glaskuppel entschieden wurde und Norman Foster eine eiförmige Kuppel realisieren ließ.[25] Doch mit ihr wurde das Gebäude die meistbeachtete architektonische Symbolisierung der vergrößerten Bundesrepublik und damit eine Bezugsgröße für neuere Überlegungen zur monumentalen Darstellung demokratischer Werte.[26] Ob diese auch mit Bauten gelingen könnte, die wie das geplante Bundeswehr-Ehrenmal noch an Tempel erinnern und in zurückgezogener Position bleiben, ist zweifelhaft.

Von Demokratie hat Foster viel geredet. Er setzte dabei auftragsgemäß auf die Transparenz des Kuppelglases, die Einladung zum Blick in den Plenarsaal; und dem folgen die Lobredner seines Umbaus. In ihm, so wird mehrfach betont, lebt ein Baumotiv fort, das Baumgarten – vielleicht sogar schon Wallot[27] – als Ausdruck von Demokratie verstanden habe. Baumgarten öffnete den neu errichteten Plenarsaal durch zwei Glaswände optisch für den Blick der Versammelten auf die von ihnen Vertretenen und für den Blick von außen in den Saal.[28] Dass dieser Blick nichts Konkretes bringt, war damals deutlich, und das gilt auch für den Versuch, beim Besteigen der Foster'schen Kuppel zu sehen, worum es im Plenarsaal geht. Ein Einblick in die demokratisch-parlamentarische Arbeit wird also mittels der Kuppel nicht realisiert, aber symbolisiert.[29]

Diese demokratische Symbolik mittels transparenten Baumaterials eignet sich für Parlamentsgebäude, aber nicht für Denkmäler im engeren Sinne, die ja größtenteils keinen Innenraum umschließen und überdies bis heute aus bedeutungsvoll dauerhaften Materialien bestehen, die nicht so empfindlich erscheinen wie Glas.

Mit einem Feld von Betonblöcken erinnert das 2005 eingeweihte Berliner Holocaustdenkmal weithin sichtbar an Verbrechen in zwölf demokratielosen Jahren, weist sie für die Zukunft von sich und zeugt insofern auch von der demokratischen Verfassung des Staates, der sich dieses Zeichen setzte – als »eine Art Grundstein der Berliner Republik«.[30] Nicht nur diese Metapher kennzeichnet das Holocaustdenkmal als einen Grenzfall zwischen Architektur und Skulptur. Ein Bezug der »Stelen« zu der lichterfüllten Reichstagskuppel ist in einer Postkarte nicht nur fotografischer Gag (Abb. 2). Die Kuppel, wie gesagt das populärste Signal der deutschen Demokratie (oben links), und das Brandenburger Tor, das seit Jahrzehnten benutzte Symbol des deutschen Wiedervereinigungsstrebens (oben rechts) sind viele Male auch in den Debatten genannt worden, die den Bau des Holocaustdenkmals begleiteten. Als »nationales Denkmal« bezeichnet[31] – und auf der Postkarte schwarz-rot-gold beflaggt – bildet das Tor den Teil einer symbolgeladenen Trias.

Abb. 2: Berlin, Denkmal für die ermordeten Juden Europas (Detail)
mit Ausblick auf Reichstagsgebäude und Brandenburger Tor
(Postkarte um 2005).

In den Debatten wurde dem Holocaustdenkmal von nicht wenigen
ein Platz vor dem Reichtagsgebäude zugedacht. Sie nahmen an, dort
sei der »symbolische Mittelpunkt der damaligen [nationalsozialis-
tischen] Macht« gewesen.[32] Die InitiatorInnen des Holocaustdenkmals fühlten sich jedoch nicht vom Reichstagsgebäude, sondern von
den Resten der Reichskanzlei angezogen. Die Wortführerin der
Denkmalkampagne schrieb: »Auf den Trümmern dieses Zentrums
der Nazi-Macht ein Denkmal für die ermordeten Juden zu setzen,
heißt, die Ermordeten über ihre Mörder, die Opfer über ihre Täter
zu erheben«.[33] Dass dies möglich sei, wurde schon damals durch
einen Rückblick auf die Geschichte der Soldatenehrung bekräftigt.
Der Historiker Eberhard Jäckel meinte, das Holocaustdenkmal be-
dürfe keiner Rechtfertigung angesichts »zahllose[r] Kriegerdenkmäler in allen Ländern«.[34] Der Soldatentod wurde also mit dem
Tod der Juden parallelisiert. Auch Dieter Ronte, Direktor des Kunst-
museums Bonn, schreckte davor nicht zurück. Er zitierte vier Sol-
datendenkmäler dafür, dass ein künstlerisches Holocaustdenkmal
möglich sei.[35] Erst später erhob Richard Serra, der die erste Fassung
des ausgeführten Holocaustdenkmalentwurfs zusammen mit Peter

Eisenman erarbeitet hatte, den Einwand: »Wir reden hier schließlich nicht über eine Schlacht, sondern über Völkermord«.[36]

Eine oft auch mit Worten betonte demokratische Note im Erscheinungsbild des Denkmals mag darin gesehen werden, dass der oberirdische Teil der Anlage von allen Seiten jederzeit zugänglich ist. Im Wettbewerbsverfahren wurde dagegen »demokratische Ordnung« vermisst.[37] Die Kritiker konnten sich auf eine Vorstellung von Wettbewerbswesen berufen, die sich in der Weimarer Republik gefestigt hatte. Damals, so Christian Welzbacher 2006, hat sich eine »Eigendynamik« der Planungsprozesse entfaltet, »von der wir heute glauben, daß sie der Demokratie inhärent sei: die Meinungen verschiedenster Interessen[...]gruppen – Behörden, freier Architekten, Politiker – mußten berücksichtigt und integriert werden, bevor und nachdem Wettbewerbe ausgeschrieben und ausgewertet waren. «[38]

Diskussion, die Folgen hat, ist ein allgemeinstes Kennzeichen von Demokratie. Auch deshalb hat sich der von Stefanie Endlich in diesem Bande beschriebene Typ der Denkmalentstehung gefestigt: die von vornherein oder frühzeitig durch gesellschaftliche Partizipation gestützte staatliche oder kommunale Denkmalsetzung, von der offene oder eingeladene Wettbewerbe, einsichtig ausgewählte Jurys und kompetent beurteilte Wettbewerbsarbeiten erwartet werden. Daneben lebt ein Entstehungstyp weiter, der wegen seiner Bedeutung für die bürgerliche Emanzipationsbewegung des 19. Jahrhunderts Respekt verdient, dessen heutige Ergebnisse aber manchmal Verwunderung und Spott ernten. Dann bestimmen private Vereinigungen außer dem Thema des Denkmals auch einen Künstler ihrer Wahl, verzichten oft auf einen Wettbewerb, gewinnen kommunale Stellen nur als Genehmigungsbehörden für ihren Plan. Beim Denkmalbau der öffentlichen Hand jedoch wird eine wettbewerbs- und ankündigungslose Verfahrensweise nicht mehr akzeptiert, jedenfalls nicht von einem großen, kritischen Teil des Publikums. Der bekannteste Streitfall war und blieb die Neueinrichtung der Neuen Wache in Berlin, eines Denkmals für Soldaten der beiden Weltkriege und weitere Opfergruppen. Das Gebäude wurde 1992/93 mit der vergrößerten Kopie einer Plastik von Käthe Kollwitz ausgestattet – auf autoritative Anordnung des damaligen Bundeskanzlers.[39]

Denkmäler können eine eigene demokratisch bestimmte Entstehungsgeschichte mittelbar verdeutlichen, wenn sie räumlich mit

Abb. 3: Berlin, Sockelplatte des Fahnenmastes
auf dem Platz der Republik (1995).

Parlamentsgebäuden verbunden werden. Mehrere solche erhielten in den letzten Jahren eine erinnernde Nachbarschaft, indem in nächster Nähe Denkmäler aufgestellt wurden.

Auf dem Berliner Platz der Republik wurde 1999 zusammen mit dem umgebauten Reichstagsgebäude ein Fahnenmast eingeweiht, der bis über die Firsthöhe aufragt (Abb. 3).[40] Auf einem quadratischen Sockel aus Granitblöcken mit vier Bronzeeinlagen fußt eine bronzene Rundplatte, auf der rings um den Fuß der stählernen Fahnenstange in erhabenen Lettern steht: »Deutsche Einheit« und »3. Oktober 1990«. Das erinnert unmittelbar an die vertragliche Vereinigung der beiden deutschen Staaten, mittelbar an die künstlerisch geschmückten drei beziehungsweise zwei Fahnenmasten auf den Hauptplätzen der frühen Stadtrepubliken Venedig (1505) und Hamburg (1900–1903). Weder diese themengerechte Reminiszenz noch die optimale Positionierung an einem viel besuchten Ort ohne Zäune und verschließbare Zugänge wird allerdings von denen bedacht, die derzeit für ein (zweites) Denkmal der Deutschen Einheit in der Hauptstadt werben.

Vor das Berliner Abgeordnetenhaus, den 1892 bis 1899 erbauten früheren Sitz des Preußischen Landtags, wurde im Jahr 2003 das 1875 eingeweihte Denkmal des Reichsfreiherrn vom und zum Stein

versetzt, das Hermann Schievelbein seit 1860 geschaffen, Hugo
Hagen vollendet hatte – und das nächst Christian Daniel Rauchs
Denkmal für Friedrich den Großen das informationshaltigste und
inhaltlich differenzierteste Denkmal des 19. Jahrhunderts in Berlin
ist (Abb. 4).

Abb. 4: Berlin, Denkmal für Heinrich Friedrich Karl vom und zum Stein
(Hermann Schievelbein und Hugo Hagen 1860–1875).

Der Statue des politischen Reformers, den der Bundesminister der
Verteidigung bei einem Feierlichen Gelöbnis am 24. Mai 2007 ehr-
te, sind am Sockel rundplastische Tugendpersonifikationen, allego-
risch-patriotische Reliefs und zuunterst Szenen aus Steins politischer Lebensgeschichte hinzugefügt. Dass das Denkmal jetzt vor

Abb. 5: Berlin, Denkmal für Heinrich Friedrich Karl vom und zum Stein,
Relief »Eroeffnung des ersten westphälischen Landtags« 1826.

einem Abgeordnetenhaus steht, betont Steins – wenn auch begrenz-
te – Rolle bei der Entwicklung zu einer Volksvertretung. Auf sie
hatte Stein im Preußen des frühen 19. Jahrhunderts hingewirkt,
später vergeblich auf die Einrichtung von Reichsständen. Ein Abschnitt des unten umlaufenden Reliefbandes (Abb. 5) zeigt laut der
eingemeißelten Bezeichnung die »Eroeffnung des ersten westphälischen Landtages« durch Stein (1826), nachdem Westfalen preußische Provinz geworden war: seltene Darstellung einer – freilich stän-
disch gegliederten – parlamentarischen Versammlung.

Demnächst soll Martin Götzes 1907 enthülltes Denkmal des anderen großen Reformers, Karl August von Hardenbergs, aus dem
erhaltenen Modell rekonstruiert und ebenfalls vor dem Abgeordnetenhaus aufgestellt werden.[41] Beide Denkmäler zusammen könnten auch an eine besondere Leistung erinnern, die Golo Mann –
übertreibend – so zusammengefasst hat: »Sie demokratisierten die
Armee«.[42] Schon das Stein-Denkmal an seinem neuen Aufstellungs-
ort zeigt, dass ein selbständiges Einzelmonument die demokratische Funktion eines Gebäudes etwas deutlicher machen kann, dessen eigene Formen wohl von Macht, aber nicht von Demokratie
sprechen. Der knappe Platz vor Parlamentsgebäuden sollte deshalb
nicht von neuen Denkmälern besetzt werden, die keinen Hinweis
auf demokratische Werte geben.

Denkmalerrichtung neben Staatsbauten hilft auch in anderen
Fällen, demokratische Werte zu repräsentieren – allerdings nicht
mehr mit dem Mittel der weiblichen, durch Attribute von »Frei-

heit« oder »Demokratie« gekennzeichneten Personifikation. Das
heißt aber nicht, dass jegliche figürliche Symbolisierung von Werten
aufgegeben worden wäre. Nahe dem Landtagsgebäude in Hannover steht seit 1998 nicht ein versetztes altes, sondern ein neu ge-
schaffenes, vielfiguriges »Landesdenkmal« als Beweis für Bürger-
tugenden, an denen sich Demokraten ein Beispiel nehmen könnten
– so eine Begründung im Wettbewerbsverfahren des Denkmals für
die »Göttinger Sieben«, die 1837 vom König gemaßregelten Profes-
soren, die dem deutschen »Akademikerparlament« von 1848 vor-
gearbeitet hatten.[43] Ein Kunstprofessor aus Carrara, die Jury und
die Sponsoren hielten noch einmal ein Figurenensemble für geeig-
net, dessen Seltsamkeiten hier nicht erörtert zu werden brauchen.
In einem Buch, das der am weitesten vorn stehende Georg Gottfried Gervinus hält, ist unter anderem zu lesen: »Grundrechte des
dt. Volkes. 27.12.1848. [...] Jeder Deutsche hat das Recht, durch Wort,
Schrift, Druck und bildliche Darstellung seine Meinung frei zu äu-
ßern«.

Denkmäler nicht nur für solche Wegbereiter, sondern für Expo-
nenten moderner Demokratie könnten diese noch deutlicher repräsentieren. Vor dem Berliner Reichtagsgebäude erinnert seit 1992
ein aus bronzenen Schrifttafeln bestehendes Denkmal »an 96 von
den National-/sozialisten ermordete Reichstagsabge-/ordnete der
Weimarer Republik« (von Dieter Appelt und drei weiteren Berliner
Künstlern). Die oberen Ränder der wie zerbrochene Schieferplat-
ten geformten Tafeln verzeichnen jeweils Namen, Geburts- und
Todesjahr und -ort, Todesumstände soweit bekannt, und auch die
Zugehörigkeit zu sehr verschiedenen Parteien. Die Umgekommenen werden also nicht schematisch zu Kämpfern für Demokratie
erklärt, wohl aber als Mitglieder eines demokratisch gewählten Parlaments zusammengebracht. Das Denkmal macht mit einer Tafel
im Pflaster selbst auf ein ausführlicheres Medium aufmerksam, eine
Dokumentation im Parlamentsgebäude.

In allen diesen Fällen werden die Gebäude von Denkmälern begleitet, die selbst auf demokratische Institutionen oder Grundsätze
hinweisen oder anspielen. Vorher war der Platz vor dem Reichstagsgebäude ein Beispiel für das Gegenteil einer solchen Synergie
gewesen. Die Siegessäule auf dem Königsplatz feierte die militärischen Triumphe, auf die die Reichseinigung gegründet worden war,
aber das erfolgreiche Militär stand damals noch weit weniger als
heute für demokratische Wertvorstellungen, sein Kriegsdenkmal trat

dem Parlament eher entgegen als zur Seite. An dieser Geste änderte auch das Denkmal nichts, das dort den Fürsten Otto v. Bismarck in Kürassieruniform zeigte.

Der Anblick solcher Denkmäler hat seit dem Ende des Ersten Weltkriegs den Gedanken entstehen lassen, neu erkannte demokratische Werte nicht wiederum monumental geltend zu machen, sondern im Gegenteil durch ostentative Ablehnung der bis zum Überdruss gewohnten Monumentalität. Das führte bis zu Denkmälern, die – unbetretbar – unter dem Boden eingerichtet oder dorthin versenkt wurden.[44] Ein solches für Versammlungen ungeeignetes Denkmal könnte militärischen Zeremonien nicht dienen.

Als passender – auch bei der Planung für ein Denkmal der problembeladenen deutschen Einheit – erschiene es, Monumentalität nicht zu vermeiden, sondern der Diskussion auszusetzen. Ein Beispiel dafür kann der Riesenkopf Konrad Adenauers an dem Bonner Denkmal von Hubertus von Pilgrim sein, das 1982 aufgestellt wurde (Abb. 6). Es vereinigt zwei Grundelemente jahrhundertelanger Denkmalpraxis, das Kopf-Porträt und erläuterndes Beiwerk. Seitlich und hinten weisen Reliefs auf die Phasen von Adenauers Leben hin – direkt am Kopf, nicht an einem Sockel. Die Reliefs verflechten Staatliches und im engeren Sinne Persönliches, wenn zum Beispiel

Abb. 6: Bonn, Denkmal für Konrad Adenauer
(Hubertus von Pilgrim 1981–1982).

ein Blütenstrauß an die aufblühende Bundesrepublik und zugleich an die bekannte Liebhaberei des Rosenfreundes erinnert – in Gegenüberstellung mit dem symbolischen Motiv der grob gefesselten Hände für die Zeit der Diktatur. Das korrespondiert mit einem Text im »Haus der Geschichte der Bundesrepublik Deutschland« auf der anderen Straßenseite: »Grundsätzliche Ablehnung der Diktatur ist [...] eine wichtige Grundlage für die Entwicklung eines demokratischen Staates«.

Erstaunlich wirkt, dass am Hinterkopf nochmals der Geehrte porträtiert ist, jetzt in einem rechteckigen Relieffeld. Damit lässt das Denkmal an den doppelgesichtigen römischen Gott Janus denken (nach dem Adenauers Geburtsmonat benannt ist); er soll Latium im Goldenen Zeitalter regiert haben. Eine Repräsentation demokratischer Werte wird deutlich, indem der Kanzler unter dem Adler des Bonner Plenarsaals mit erhobener Hand redet.[45] Damit wäre hier eine weitere Parlamentsszene an einem Denkmal zwar nicht erzählt, aber symbolisiert. Demokratie-Spezifisches ist betont: das Reden, das Werben um Überzeugung.

Adenauers verhältnismäßig hoher Bekanntheitsgrad erleichterte es dem Künstler, mit einigen Jahreszahlen auszukommen und auf erläuternde Beischriften zu verzichten. Umgekehrt können Buchstaben zum sichtbaren Hauptmotiv eines Denkmals werden. Der Inhalt unterscheidet sie dann von den zahllosen kommerziellen Aufrufen im Stadtbild; als Erinnerungszeichen werden die Zeilen durch die Wahl von Ort, Material und Form erkennbar. So neuerdings bei Hans Haackes »Denkzeichen Rosa Luxemburg« auf dem nach ihr benannten Berliner Platz (Abb. 7).[46] Die Anlage sollte unter anderem zeigen, dass Erinnerung ohne die Art von Monumentalität auskommt, die durch aufragende Mäler erreicht wird. Das »Denkzeichen Rosa Luxemburg« wurde dementsprechend nicht »Denkmal« genannt. Soweit Monumentalität aber mit Dauerhaftigkeit assoziiert wird, bleiben Bronze und das heute häufige Material Feinbeton sichtbare Zeugen für Dauer. Über Gehwege und Fahrbahnen sind 66 Auszüge aus Rosa Luxemburgs Schriften verstreut, darunter explizit demokratische Programmsätze wie: »Ohne allgemeine Wahlen, ungehemmte Presse- und Versammlungsfreiheit, freien Meinungskampf erstirbt das Leben in jeder öffentlichen Institution [...] (Rosa Luxemburg 1918) «.

Ein Viertel der 66 Texte kritisiert übrigens den Krieg samt seinen Akteuren und Nutznießern. Das geplante neue Berliner Krieger-

Abb. 7: Berlin, Denkzeichen Rosa Luxemburg, Detail des Wettbewerbs-
entwurfes (Hans Haacke 2004–2006).

denkmal wird also jedenfalls zum Bild eines Meinungspluralismus
beitragen. Ob es darüber hinausgehende demokratische Werte repräsentieren wird, bleibt auch nach dem Blick auf die hier bespro-
chenen genuin demokratischen Monumente fraglich. Sie zeigen eine
Vielfalt von Möglichkeiten, Demokratie zu repräsentieren, aber noch
kein zeitgenössisches Beispiel dafür, dass dies mit militärischem
Totengedenken vereint werden könnte. Ob das in Zukunft gelingen
kann, ist eine Frage, die sich an die nicht voraussagbaren Potenziale
der Kunst richtet, vor allem aber an Politik und Öffentlichkeit in
einer auch nach außen »wehrhaften Demokratie«.[47]

Anmerkungen

1   Hans-Ernst Mittig, Ein Denkmal des schlechten Gewissens, in: Frankfurter
    Rundschau 29.5.2007; Blech und Stein, ebenda 26.10.2007; Zum Bundes-
    wehr-Ehrenmal: Zeitbezug, Ortswahl, Material, in: Zeitgeschichte-online,
    September 2007, URL: http://www.zeitgeschichte-online.de/portals/_rainbow/
    documents/pdf/mittig_bwe.pdf und in: Kunststadt – Stadtkunst, Informations-
    dienst des Kulturwerks des BBK Berlins 55 (2008), S. 11–12.
2   Individuelle Unkenntnis bleibt möglich, vgl. Nikolaus Bernau in Berliner Zei-
    tung 5.11.2007.

3 Siehe des Näheren Jutta Desch u.a., Das Ringen um das Gedenken an die badi-
   sche Revolution, in: Ausst.-Kat. 1848/49. Revolution der deutschen Demokraten in Baden, Badisches Landesmuseum Karlsruhe, Baden-Baden 1998, S. 484–
   493.

4 Die Straße der Demokratie. Eine Routenbegleiter auf den Spuren der Freiheit,
   Karlsruhe 2007; weitere Beispiele bei Hans Karl Rupp u.a., Revolutionsgedenken
   in Baden – von der Weimarer Republik zur Bundesrepublik, in: Ausst.-Kat.
   1848/49, S. 493–504, in einem Fall mit Winkelried-Motto (S. 500).

5 So schon nach dem Sieg über die badischen Demokraten (Jutta Desch, Die
   Monumente des preußischen Triumphes, in: Ausst.-Kat. 1848/49, S. 456–457).

6 1888–1897 von Bruno Schmitz und Emil Hundrieser, 1953 als »Mahnmal der
   Deutschen Einheit« eingerichtet, 1993 nach technisch fehlerhafter Rekon-
   struktion der Figur wieder errichtet.

7 Klaus Herding / Hans-Ernst Mittig, Objektanalysen zur NS-Kunst – Reaktio-
   nen und Perspektiven, in: Kritische Berichte 4 (1976) H. 4, S. 51, wohl angeregt
   durch Adolf Arndts Rede »Demokratie als Bauherr« (1960), abgedruckt in:
   Ingeborg Flagge / Wolfgang Jean Stock (Hg.), Architektur und Demokratie,
   Ostfildern-Ruit 1992, S. 52–65; vgl. neuerdings Christian Welzbacher, Die Staatsarchitektur der Weimarer Republik, Berlin 2006, S. 272, 278.

8 Walter Grasskamp, Die unästhetische Demokratie. Kunst in der Markt-
   gesellschaft, München 1992, S. 70, 127; nicht gegenstandsnäher ders., Invasion
   aus dem Atelier, in: Ders. (Hg.), Unerwünschte Monumente. Moderne Kunst
   im Stadtraum, München 1989, S. 165–166.

9 Burkhard Fehr, Die Tyrannentöter, Frankfurt/M. 1984.

10 Agatha Dirkes, Eduardo Chillida. Berlin 1999–2000, in: Hans Dickel u.a. (Hg.),
   Kunst in der Stadt. Skulpturen in Berlin 1980–2000, Berlin 2003, S. 90–91.

11 Dazu vergleichend Philip Manow, Im Schatten des Königs. Die politische Ana-
   tomie demokratischer Repräsentation, Frankfurt/M. 2008, trotz S. 17 ohne Blick
   auf künstlerische Elemente.

12 Michael S. Cullen, Der Reichstag. Die Geschichte eines Monumentes, Berlin
   1983, S. 275.

13 Ebd. S. 284. Hauptsächlich an der Ausstattung orientiert ebenso Jürgen Reiche,
   Das Berliner Reichstagsgebäude, ungedruckte phil. Diss. Freie Universität Berlin
   1988, S. 380; s.a. S. 377, 383.

14 Michael Cullen, Der Reichstag. Parlament, Denkmal, Symbol, Berlin ²1999, S.
   111–113.

15 Cullen, Reichstag. Geschichte eines Monumentes, S. 37–41.

16 Harold Hammer-Schenk u.a., Der Reichstag, Berlin 2002, S. 11; irrig (wie auch
   zur demokratischen Semantik) Julius Posener 1992 lt. Cullen, Reichstag, Parlament, S. 34.

17 Ähnlich – ohne Formbezug – Heinrich Wefing, Abschied vom Glashaus, in:
   Ders. (Hg.), »Dem Deutschen Volke«. Der Bundestag im Berliner Reichstagsgebäude, Berlin 1999, S. 138; Tilmann Buddensieg, Das Reichstagsgebäude von
   Paul Wallot. Rätsel und Antworten seiner Formensprache, ebd. S. 34 bemerkte
   nur einen Bezug auf »geschichtslose [sic] Ingenieurwölbungen«.

18 Gilbert Gardes, Lyon. L'art et la ville, Bd. 2, Paris 1988, S. 32–33.

19 Paul Wallot, zit. bei Cullen, Reichstag. Geschichte, S. 33.

20 Béatrice Andia u.a., Le Palais de Justice, Paris 2002, S. 65, 80, 96, 153, 274.

21 Nach der verunklärenden Verlegung der Kuppel maß ihr Grundriss noch 39 x 35 Meter (Reiche 1988, S. 12–22). Zum Zustand ohne Kuppel Cullen, Reichstag. Parlament, S. 266–279.

22 Zusammenstellung bei Manow, Im Schatten des Königs, S. 16 mit Anm. 4; Godehard Hoffmann, Architektur für die Nation? Der Reichstag und die Staatsbauten des Deutschen Kaiserreichs 1871–1918, Köln 2000, S. 101, 121.

23 Gottfried Böhm, zit. bei Gerhard Matzig, Geschichte des Reichstagsgebäudes, in: Rita Süssmuth (Hg.), Kolloquium Reichstag Berlin 1992, Bonn 1993, S. 20.

24 Michael S. Cullen, Streit um Symbole. Die Reichstagskuppel, in: Wefing (Hg.), »Dem Deutschen Volke«, Glashaus, S. 192–209.

25 Hammer-Schenk / Riemann, Reichstag, S. 29–31; Sabine Körner, Transparenz in Architektur und Demokratie. Die Plenarbereiche des Deutschen Bundestages in Bonn und Berlin seit 1949, [Dortmund] 2003, S. 134–140; zum Ganzen Norman Foster u. a., Der neue Reichstag, Leipzig 2000.

26 Vgl. statt Vieler Peter Buchanan, Wenn Demokratie baut, ebd. S. 170, der auch die Spirale als schräges Element hätte einbeziehen können.

27 Andeutend Cullen, Reichstag. Geschichte, S. 41; skeptisch Hammer-Schenk / Riemann, Reichstag, S. 9–11.

28 Dieter Bartetzko, Zwischen Pathos und Pragmatismus. Paul Baumgartens Umbau des Reichstagsgebäudes, in: Wefing (Hg.), Abschied vom Glashaus, S. 60–77, besonders S. 71–73.

29 Fundiert dazu Körner, Transparenz, besonders S. 87, die S. 134 allerdings von den Materialeigenschaften des Glases abstrahiert, vgl. auch S. 89–90.

30 Eduard Beaucamp 1997, in: Ute Heimrod u.a. (Hg.), Der Denkmalstreit – das Denkmal? Die Debatte um das »Denkmal für die ermordeten Juden Europas«, Berlin 1999, S. 532; zit. auch bei Hans-Ernst Mittig, Gegen das Holocaustdenkmal der Berliner Republik, S. 15 mit Anm. 44. Klaus Herding, Rezension dazu, in: Journal für Kunstgeschichte 9 (2005), S. 379, hielt »Berliner Republik« noch 2005 irrig für einen »Seitenhieb«.

31 Offiziell lt. Mittig, Gegen das Holocaustdenkmal, S. 17.

32 Walter Momper für die Berliner SPD, zit. bei Heimrod, Denkmalstreit, S. 53.

33 Lea Rosh, zit. ebd. S. 775

34 Mittig, Gegen das Holocaustdenkmal, S. 52 mit Anm. 229.

35 Oder fünf, Leitvortrag in: Heimrod, Denkmalstreit, S. 723–724.

36 Interview für Radio Kultur (Sender Freies Berlin) 18.11.1988.

37 Kathrin Hoffmann-Curtius lt. Heimrod, Denkmalstreit, S. 658; ähnlich Rachel Salamander ebd. S. 659.

38 Welzbacher, Staatsarchitektur, S. 10; zu einer »zumindest partiellen […] Demokratisierung der Entscheidungsfindungsprozesse« ebd. S. 276.

39 Thomas E. Schmidt u. a., Nationaler Totenkult. Die Neue Wache, Berlin 1995 mit Literaturhinweisen.

40 Die Senatsverwaltung für Stadtentwicklung gibt im Internet auch »1990«, das Jahr eines ersten, hölzernen Mastes an. Der Granit des neuen Sockels stammt aus dem Bayerischen Wald.

41 Gerhild H. M. Komander, Warum Berlin ein zweites Hardenberg-Denkmal erhält, in: Berliner Lindenblatt. Die Online-Zeitung für Berliner Geschichte 7 (2007).

42   Golo Mann lt. Walter Hubatsch, Die Stein-Hardenbergschen Reformen, Darm-
     stadt 1977, S. 229.
43   Horst Milde u.a., Das Landesdenkmal Die Göttinger Sieben von Floriano Bodini,
     Hannover 1998.
44   Peter Springer, Rhetorik der Standhaftigkeit. Monument und Sockel nach dem
     Ende des traditionellen Denkmals, in: Wallraf-Richartz-Jahrbuch 48/49 (1987/
     88), S. 386–399.
45   Gerhard Charles Rump, in: Bonner Rundschau 4.9.1996.
46   Stefanie Endlich u.a., Denkzeichen Rosa Luxemburg. Zweistufiger Kunst-
     wettbewerb, hg. v. der Senatsverwaltung für Wissenschaft, Forschung und Kul-
     tur, Berlin 2006.
47   Dieter Wiefelspütz, Der Auslandseinsatz der Bundeswehr gegen den grenz-
     überschreitenden Terrorismus, in: Zeitschrift für ausländisches öffentliches
     Recht und Völkerrecht 65 (2005), S. 819–835.

Militär und Öffentlichkeit

Thomas Bulmahn

Öffentliche Wahrnehmung der Bundeswehr

Medienberichte und Medienwirkungen

Was die Menschen in Deutschland über die Außen-, Sicherheits-
und Verteidigungspolitik wissen, was sie von der Bundeswehr und
ihren Aufgaben halten, ob sie die Auslandseinsätze der Bundeswehr
befürworten oder ablehnen, was sie über die Wehrpflicht und die
Pflege militärischer Traditionen denken – all diese Kenntnisse, Einstellungen und Meinungen werden von den Medien mit geformt.
Die Berichte im Fernsehen, in Zeitungen und Zeitschriften, im Radio und im Internet beeinflussen das öffentliche Bild von den deutschen Streitkräften. In Anbetracht der Entwicklungen in Militär und
Gesellschaft kann man davon ausgehen, dass die Medienbilder weiter
an Bedeutung gewinnen werden.

Der Bedeutungszuwachs der Medien ist zunächst auf grundle-
gende gesellschaftliche Veränderungen zurückzuführen. Wie die
meisten westlichen Gesellschaften hat auch die Bundesrepublik
Deutschland einen tiefgreifenden Wandel von der Industrie- zur
Informationsgesellschaft vollzogen. Die Herstellung, Verarbeitung,
Verteilung und Speicherung von Informationen mit elektronischen
Informations- und Kommunikationstechnologien spielt in allen
gesellschaftlichen Bereichen eine immer wichtigere Rolle, ob in der
Wirtschaft, in der Politik, der Verwaltung oder der Alltagskultur.[1]
Die zunehmende Nutzung des Internets beschleunigt die laufenden Prozesse der Virtualisierung und Vernetzung von Kommunikation und Information. Diesen Veränderungen können sich auch
die Streitkräfte nicht entziehen; sie sind mit den eigenen Informati-
onsangeboten im Bereich der elektronischen und Neuen Medien
vielmehr Teil der Entwicklung und versuchen, diese mitzugestal-
ten.

Ein zunehmender Einfluss der Medien ergibt sich darüber hinaus aus dem Wandel des Aufgabenspektrums der Bundeswehr und den damit verbundenen Strukturanpassungen.»Internationale Konfliktverhütung und Krisenbewältigung einschließlich des Kampfes gegen den internationalen Terrorismus sind auf absehbare Zeit ihre wahrscheinlicheren Aufgaben. Sie sind strukturbestimmend und prägen maßgeblich Fähigkeiten, Führungssysteme, Verfügbarkeit und Ausrüstung der Bundeswehr.«[2] Die Verkleinerung der Bundeswehr – die Verringerung der Zahl der Soldaten, der zivilen Beschäftigten, der Standorte und der Wehrpflichtigen – trägt dazu bei, dass immer weniger Menschen in Deutschland persönlich mit der Bundeswehr in Kontakt kommen. Wichtiger noch ist die Tatsache, dass die Bundeswehr bei der Bewältigung der Auslandseinsätze für die Bevölkerung nicht unmittelbar in Erscheinung tritt. Anders als etwa bei den Hilfseinsätzen an Elbe und Oder ist das Militär bei der Aufgabenerfüllung nicht mehr öffentlich präsent. An die Stelle des authentischen Erlebens tritt immer öfter das medial vermittelte Dabei-Sein. Diese Verschiebung der Wahrnehmungsformen bleibt nach Erkenntnissen der Medienforschung nicht ohne Wirkung: Sowohl Wissensbestände als auch Einstellungen werden davon beeinflusst.[3]

Die medial konstruierte Wirklichkeit ist zudem hochgradig selektiv. Nur wenige Journalisten berichten aus den Einsätzen, schreiben die Meldungen und produzieren die Bilder über deutsche Soldaten in Afghanistan oder auf dem Balkan. Nur wenige Redakteure in den Redaktionen der Zeitungen, der Radio- und Fernsehsender oder der Internetmedien beurteilen den Nachrichtenwert dieser Meldungen und Bilder und entscheiden darüber, was veröffentlicht wird.[4]

Um zu verstehen, wie das sicherheits- und verteidigungspolitische Meinungsbild in Deutschland entsteht und warum es sich möglicherweise verändert, muss man auch danach fragen, bei welchen Anlässen, über welche Themen die Medien berichten und inwieweit diese Medienbilder die öffentliche Meinung beeinflussen. Diesen Fragen soll im Folgenden nachgegangen werden.

Die Bundeswehr im Spiegel
ausgewählter Printmedien

Die folgenden Analysen basieren auf den Ausgaben von acht ausgewählten Tageszeitungen und zwei Nachrichtenmagazinen,[5] die in der Zeit vom 16. Oktober bis zum 8. Dezember 2006 erschienen sind. Das Auswahlkriterium lag in der besonderen Relevanz der entsprechenden Printmedien aufgrund ihrer überregionalen Präsenz, ihrer Auflagenhöhe und nicht zuletzt ihrer themensetzenden Funktion. In diesen Zeitungen und Magazinen wurden im Beobachtungszeitraum insgesamt 1171 Beiträge veröffentlicht, in denen über das Themenfeld »Bundeswehr – Auslandseinsätze der Bundeswehr – deutsche Streitkräfte – Bundesministerium der Verteidigung« berichtet wurde. Es handelt sich sowohl um umfangreichere Artikel als auch um kurze Meldungen, um neutrale Darstellungen sowie um Kommentare mit eindeutiger Wertung.

Die Beiträge informieren unter anderem über einen Anschlag auf die Bundeswehr in Afghanistan, über die Misshandlungsvorwürfe eines ehemaligen Guantánamo-Häftlings gegen die Bundeswehr und in diesem Zusammenhang auch über den Einsatz des Kommandos Spezialkräfte (KSK) in Afghanistan, über Fotos, auf denen Bundeswehrsoldaten in Afghanistan mit Totenköpfen posieren, über den Einsatz der Marine im Rahmen der UNIFIL-Mission, über das »Weißbuch 2006 zur Sicherheitspolitik Deutschlands und zur Zukunft der Bundeswehr« und über die Verlängerung des Bosnien-Einsatzes der Bundeswehr.

Im Mittelpunkt des Medieninteresses standen die Auslandseinsätze der Bundeswehr, die im Beobachtungszeitraum insgesamt mehr als die Hälfte der Berichte über die deutschen Streitkräfte in den ausgewählten Zeitungen und Zeitschriften ausmachten. Den einzelnen »Missionen« wurde in ganz unterschiedlichem Maße Aufmerksamkeit zuteil. Viel beachtet wurden Vorfälle und Ereignisse beim Einsatz der Bundeswehr in Afghanistan und zwar sowohl im Rahmen der Schutztruppe der Vereinten Nationen (ISAF) als auch bei der Teilnahme des Kommandos Spezialkräfte (KSK) an der Operation »Enduring Freedom« (OEF). Wesentlich seltener berichtet wurde dagegen über den Einsatz der Bundeswehr im Rahmen der Stabilisierungskräfte der EU zur Absicherung der Wahlen im Kongo (EUFOR RD Kongo) und über den Einsatz der Marine im Rahmen der UNIFIL-Mission. Nahezu unbeachtet blieben die Einsätze der Bundeswehr auf dem Balkan (KFOR und EUFOR).

Einen Anlass für Medienberichte über die Bundeswehr boten vor allem außergewöhnliche, zumeist negative Ereignisse oder kritische Entwicklungen im Auslandseinsatz: insbesondere Anschläge auf die Bundeswehr, dabei verletzte und getötete Soldaten, psychische Störungen nach den Einsätzen sowie offensichtliche oder vermeintliche Verfehlungen von Angehörigen der deutschen Einsatzkräfte. Die detaillierte Analyse zeigt, dass sich die Situation in den betrachteten Wochen recht verschieden darstellt.

In der 42. Kalenderwoche wurde relativ häufig über Murat Kurnaz und seine Foltervorwürfe gegen die Bundeswehr berichtet: 51 von 113 Artikel, nahezu die Hälfte der Beiträge in der Woche, beschäftigten sich mit diesem Thema. Ab Mitte der 43. Kalenderwoche beherrschten neue Negativschlagzeilen die Medienlandschaft. Am 25.10.2006 veröffentlichte die Bild-Zeitung unter der Überschrift »Bundeswehr-Skandal in Afghanistan« Fotos, auf denen, so die Bildunterschrift, »Soldaten der deutschen Einsatzkräfte in Afghanistan« zu sehen seien, die »makabre Späße mit den Gebeinen von Toten trieben und sich dabei stolz fotografierten«.

Das Medienecho an den folgenden Tagen war so groß, dass Berichte über das »Weißbuch 2006 zur Sicherheitspolitik Deutschlands und zur Zukunft der Bundeswehr«, das in dieser Zeit der Öffentlichkeit vorgestellt wurde, relativ wenig Aufmerksamkeit fanden. Am 26.10.2006 wurden in den untersuchten acht Tageszeitungen insgesamt 52 zumeist größere Artikel über die »Totenkopf-Fotos aus Afghanistan« veröffentlicht, am nächsten Tag waren es noch 39 und in der folgenden Woche noch einmal 20 am Montag und 25 am Dienstag. Schnell war von einem »Krieg in den Köpfen«, von »Leichenschändung«, von »Defiziten bei der Ausbildung« und von »Führungsfehlern bei der Bundeswehr« die Rede.

Einige Kommentare stellten einen Zusammenhang zwischen den Bildern aus Afghanistan und den Fotos aus dem irakischen Gefängnis Abu Ghraib her, auf denen amerikanische Militärangehörige zu sehen sind, die irakische Gefangene misshandeln: »Weit verbreitet in der muslimischen Welt sind die Fotos aus Abu Ghraib. Sie feuern den heiligen Zorn des islamistischen Terrorismus an. Die Bild-Bilder geben ihm nun neue Nahrung. Und ein neues Ziel.«[6] Einen Tag später hieß es an gleicher Stelle: »Bild hat sein Abu Ghraib.«[7]

Am Ende der 44. Kalenderwoche war das Medieninteresse weit-

gehend erschöpft. Lediglich am Anfang der 46. und am Ende der
49. Kalenderwoche wurde das Thema noch einmal kurz aufgegrif-
fen. Über Ereignisse und Entwicklungen, die zu einem differen-
zierteren Bild des ISAF-Einsatzes der Bundeswehr in den Medien
hätten beitragen können, wurde im gesamten Beobachtungszeitraum nicht informiert: Es gab keine Berichte zum Thema »Bun-
deswehreinsatz in Afghanistan«, in denen die Verbesserungen der
Gesundheitsversorgung, die neuen Bildungsmöglichkeiten, die Erfolge beim Aufbau der Infrastruktur benannt wurden. Dass die
Bundeswehr an diesen Entwicklungen nicht nur indirekt beteiligt
ist, indem sie hilft, ein sicheres Umfeld für den Wiederaufbau zu
schaffen, sondern dass sie auch unmittelbar Aufbauhilfe leistet, ver-
deutlicht zum Beispiel die bisherige Bilanz der Civil Military Coo-
peration (CIMIC).

Die ausgewählten überregionalen Zeitungen und Zeitschriften
berichteten zwar zumeist neutral; eindeutige Wertungen jenseits der
Kommentarspalten stellten eher die Ausnahme dar. Dennoch ergibt sich aufgrund der Fokussierung des Medieninteresses auf spektakuläre Ereignisse und dem gleichzeitigen Ausblenden positiver
Entwicklungen ein überwiegend negatives Medienbild vom Einsatz der Bundeswehr in Afghanistan. Dieses Framing führt regelmäßig zu entsprechenden Ereignisserien.[8]

Aufgrund der Fixierung auf tagesaktuelle Ereignisse unterliegt
die Berichterstattung starken Schwankungen. Von den betrachteten acht überregionalen Tagezeitungen und den zwei Zeitschriften
wurden in der 43. Kalenderwoche 242 Beiträge und in der 44. Kalenderwoche 248 Artikel zum Themenkomplex »Bundeswehr« veröffentlicht, darunter bemerkenswert viele auf den ersten Seiten. In
der 45. Woche waren es noch 101 Beiträge, in der 46. Woche 138
Artikel und in der 47. Kalenderwoche 86. Im Ergebnis lässt sich
Folgendes festhalten: Die Medien berichten thematisch sehr selektiv über die Streitkräfte; das Interesse konzentriert sich auf den Afghanistaneinsatz und hier vor allem auf Negativereignisse wie Unfälle, Anschläge, Verfehlungen oder Anschuldigungen, während
positive Ereignisse und Entwicklungen weitgehend unberücksich-
tigt bleiben; aufgrund der Fixierung auf aktuelle Vorkommnisse
schließlich schwankt der Umfang der Berichterstattung sehr.

Medienwirkungen

Inwieweit haben nun die Medienberichte über die Bundeswehr und ihre Einsätze die öffentliche Meinung in Deutschland beeinflusst? In welchem Ausmaß wurden sie wahrgenommen und bewertet? Wie nachhaltig war die Medienwirkung? Als Datenbasis kann hier die Bevölkerungsumfrage des Sozialwissenschaftlichen Instituts der Bundeswehr dienen. Zur Analyse der Medienwirkungen werden zwei Zeitvergleiche durchgeführt: Zum einen werden zentrale sicherheits- und verteidigungspolitische Einstellungen aus dem Jahr 2006 mit den Befunden aus dem Jahr 2005 verglichen, zum anderen werden die Resultate für das Jahr 2006 im Zeitverlauf betrachtet. Der Erhebungszeitraum wird in vier Phasen geteilt: Die Einstellungsmuster, die in der 44. Kalenderwoche unmittelbar nach dem Höhepunkt der Berichterstattung über den Vorfall in Afghanistan erfasst wurden, werden mit den Meinungsbildern der folgenden Wochen verglichen.

Im Folgenden werden Wahrnehmungs- und Einstellungsvariablen auf drei Ebenen betrachtet: Auf der ersten geht es um die Wahrnehmung der Bundeswehr in den Medien, das heißt beim Lesen von Zeitungen und Zeitschriften oder beim Sehen von Fernsehsendungen sowie bei Gesprächen im persönlichen Umfeld, in der Familie oder unter Freunden und Kollegen. Auf der zweiten Ebene geht es um die Eindrücke, die beim Lesen von Artikeln über die Bundeswehr, beim Sehen entsprechender Sendungen oder bei Gesprächen über die Streitkräfte entstanden sind. Auf der dritten Ebene wird die Zustimmung zu den Auslandseinsätzen der Bundeswehr betrachtet.

Die empirischen Untersuchungen führen zu dem Ergebnis, dass die Medien eine entscheidende Rolle bei der Wahrnehmung der Bundeswehr durch die Bevölkerung spielen. Durch Sendungen im Fernsehen und Berichte in Zeitungen und Zeitschriften werden die Befragten wesentlich häufiger auf die Streitkräfte aufmerksam als durch Gespräche im persönlichen Umfeld. Mehr als ein Drittel der Befragten hat im Jahr 2006 mindestens einmal pro Woche entsprechende Sendungen im Fernsehen gesehen bzw. Berichte in Zeitungen und Zeitschriften gelesen. Bei Gesprächen in der Familie, mit Freunden oder Kollegen wird die Bundeswehr dagegen nur selten thematisiert.

Im Zeitvergleich wird deutlich, dass die intensive Berichterstattung über bundeswehrspezifische Themen in der 43. und 44. Kalenderwoche zu einer stärkeren Wahrnehmung der Bundeswehr geführt hat. Der Anteil der Befragten, die mindestens einmal pro Woche in Zeitungen und Zeitschriften Beiträge über die Bundeswehr gelesen hatten, lag im Jahr 2006 bei 35%; im Jahr 2005 waren es lediglich 13%. Für das Medium Fernsehen ist ein fast identischer Zuwachs zu beobachten: Auch hier hat sich der entsprechende Wert nahezu verdreifacht. Die Wahrnehmung der Bundeswehr im persönlichen Umfeld hat sich dagegen kaum verändert.

Besonders häufig wurde die Bundeswehr in der 44. Kalenderwoche 2006 wahrgenommen: 43% der in diesem Zeitraum befragten Personen berichteten, dass sie mindestens einmal pro Woche Berichte über die Bundeswehr in Zeitungen und Zeitschriften gelesen hatten. Im weiteren Verlauf des Beobachtungszeitraumes fällt der entsprechende Wert deutlich ab und erreicht in der letzten Beobachtungsphase mit 29% ein deutlich geringeres Niveau.

In welchem Maße die in den Zeitungen und Zeitschriften veröffentlichten Artikel über die Bundeswehr zur Kenntnis genommen werden, ist von mehreren Faktoren abhängig. So spielt das persönliche Interesse an Sicherheits- und Verteidigungspolitik und das Ausmaß, in dem Zeitungen und Zeitschriften zur politischen Information genutzt werden, eine wesentliche Rolle. Leserinnen und Leser, die sich nach eigenem Bekunden für sicherheits- und verteidigungspolitische Fragen sehr interessieren, sind im Beobachtungszeitraum wesentlich häufiger auf die Bundeswehr aufmerksam geworden als die weniger Interessierten.

Der Zusammenhang zwischen der Intensität der Berichterstattung und der Wahrnehmung des Themas ist in der Gruppe der Interessierten wesentlich klarer ausgeprägt: In der 44. Kalenderwoche, in der vergleichsweise viel über die Bundeswehr berichtet wurde, haben 63% der Interessierten etwas über die Bundeswehr gelesen; in der letzten Beobachtungsphase, in der viel weniger Beiträge erschienen, waren es nur noch 33%. In der Gruppe der weniger Interessierten lagen die entsprechenden Werte am Anfang bei 33% und am Ende bei 26%. Die Intensität der Mediennutzung zur politischen Information übt ebenfalls einen signifikanten Einfluss aus. Personen, die täglich oder fast täglich regionale oder überregionale Tageszeitungen und wöchentlich Nachrichtenmagazine oder Wochenzeitungen zur politischen Information lesen (Intensivnutzer), sind im Beobachtungszeitraum wesentlich öfter auf die Bundeswehr aufmerksam geworden als die anderen.

Wer die Bundeswehr im Alltag wahrnimmt, etwas über sie liest oder von ihr hört, berichtet zumeist von positiven Erfahrungen. Das trifft interessanterweise sowohl auf das persönliche Umfeld als auch auf die Medien zu. Von denen, die beim Lesen von Zeitungen und Zeitschriften auf die Bundeswehr aufmerksam geworden sind, berichteten im Jahr 2005 nur 17% von negativen Eindrücken; von denen, die entsprechende Sendungen im Fernsehen gesehen haben, waren es 15%. Ein Jahr später waren diese Anteile mit 32 bzw. 26% annähernd doppelt so groß.

Die Zunahme der negativen Eindrücke dürfte auf die weiter oben beschriebene intensivere Berichterstattung über kritische Vorfälle im Auslandseinsatz zurückzuführen sein. Das legen zumindest die Analysen auf der Basis von Kalenderwochen nahe. Dabei wird der Zusammenhang zwischen der Intensität der kritischen Berichterstattung und der Negativwahrnehmung des Themas »Bundeswehr« sehr deutlich: In der 44. Kalenderwoche bewerteten 43% der Leserinnen und Leser die Beiträge über die Bundeswehr in Zeitungen und Zeitschriften negativ. Am Ende des Analysezeitraumes waren es mit 25% nur noch etwa halb so viele. Bei der Wahrnehmung der Bundeswehr im persönlichen Umfeld ist ein verzögerter Verlauf zu registrieren: Hier liegt der Spitzenwert der negativen Eindrücke in der 45. Kalenderwoche. Offensichtlich hat es einige Zeit gebraucht, bis die Medienberichte über die kritischen Vorfälle im Afghanistaneinsatz der Bundeswehr auch bei Gesprächen im persönlichen Umfeld thematisiert und entsprechend wahrgenommen wurden. Diese Ergebnisse sprechen für die These, dass die Medien mit der Auswahl der Themen, über die berichtet wird, nicht nur bestimmen, worüber gesprochen, sondern auch, wie darüber gedacht wird.

Bei Personen, die sich für Sicherheits- und Verteidigungspolitik nicht so sehr interessieren, und noch mehr bei denen, die eher selten Zeitungen und Zeitschriften zur Hand nehmen, haben die kritischen Berichte über die Bundeswehr einen größeren Eindruck hinterlassen. Offensichtlich haben regelmäßige Zeitungsleser und sicherheitspolitisch Interessierte ein umfassenderes Bild von der Bundeswehr und ihren Auslandseinsätzen, das sie in die Lage versetzt, die Vorfälle, über die berichtet wurde, etwas differenzierter zu bewerten.

Im Folgenden soll untersucht werden, inwieweit sich die intensive Berichterstattung über kritische Vorfälle im Afghanistaneinsatz auf die Einstellungen der Bevölkerung zu den Auslandseinsätzen in der Bundeswehr ausgewirkt hat. Im Jahr 2005 stand die Mehrheit der Bundesbürger den Einsätzen der Streitkräfte im Ausland positiv gegen und befürwortete die genannten Missionen. Am größten war die Unterstützung für die Beteiligung der Bundeswehr an der Friedenstruppe der NATO im Kosovo (KFOR) mit 78% sowie an der Friedenstruppe der EU in Bosnien und Herzegowina (EUFOR) mit 72%. Ebenfalls mehrheitliche Zustimmung fand die Beteiligung an der Schutztruppe der Vereinten Nationen (ISAF) mit 66% und an der Operation gegen den internationalen Terrorismus am Horn von Afrika (OEF) mit 57%. Eine Minderheit lehnte diese Einsätze ab.

Für die 44. Kalenderwoche 2006 ergeben die Analysen ein deutlich gewandeltes Meinungsbild: In dieser Zeit, in der sich die Nachrichten über Anschläge auf die Bundeswehr in Afghanistan, über Totenkopffotos und Misshandlungsvorwürfe häuften, lehnte jeder zweite Bundesbürger den ISAF-Einsatz der Bundeswehr ab. Auch die anderen Missionen wurden in diesem Kontext kritischer betrachtet und stießen auf größere Ablehnung.

Mit der Abnahme der kritischen Medienberichte wuchs in den folgenden Wochen die Zustimmung für die Auslandseinsätze der Bundeswehr wieder an und erreichte schließlich bei fast allen betrachteten Missionen das Niveau von 2005. Lediglich auf den ISAF-Einsatz trifft dies nur bedingt zu, den am Ende des Beobachtungszeitraums 2006 noch 43% der Befragten ablehnten.

Fazit

Die Verkleinerung der Bundeswehr trägt dazu bei, dass die Streitkräfte immer weniger im persönlichen Lebensumfeld der Bürger präsent sind. Was die Bürger über Sicherheits- und Verteidigungspolitik wissen und wie oft sie etwas über die Bundeswehr erfahren, wird in Zukunft immer mehr von den Medien abhängen. Die Berichterstattung des Fernsehens, der Zeitungen und Zeitschriften wird weiter an Bedeutung gewinnen.

Im Rahmen der vorliegenden Untersuchungen zeigt sich erstens, dass die Medienberichte die öffentliche Meinung zumindest kurzfristig in signifikantem Ausmaß beeinflussen können. Die im Ana-

lysezeitraum beobachtete intensive Berichterstattung über Negativereignisse beim Einsatz der Bundeswehr in Afghanistan wurde von
einem großen Teil der Bevölkerung wahrgenommen und sie hat
auch die Haltung zu den Auslandseinsätzen der Bundeswehr beeinflusst. Zweitens wird deutlich, dass diese Effekte von zahlreichen
Kontextfaktoren abhängig sind, beispielsweise vom individuellen
Interesse an sicherheits- und verteidigungspolitischen Themen und
vom Ausmaß des Medienkonsums. Drittens wird klar, dass die
Medienwirkung stark von der Intensität der Berichterstattung abhängig ist, die wegen der Fokussierung auf Ereignisse mit hohem
Nachrichtenwert stark schwankt, weshalb letztlich auch der Einfluss der Medien auf die öffentliche Meinung zeitlich begrenzt ist.
Gleichwohl kann nicht ausgeschlossen werden, dass sich die einzelnen Impulse zu einem negativen Gesamtbild verdichten, was zu einem grundlegenden Meinungswandel in der Zukunft beitragen
könnte.

Anmerkungen

1 Vgl. u.a. Martin Löffelholz / Klaus-Dieter Altmeppen, Kommunikation in der
Informationsgesellschaft, in: Klaus Merten u.a. (Hg.) Die Wirklichkeit der Me-
dien. Eine Einführung in die Kommunikationswissenschaft, Opladen 1994,
S. 570–591.

2 Vgl. Bundesministerium der Verteidigung, Weißbuch 2006 zur Sicherheitspolitik Deutschlands und zur Zukunft der Bundeswehr, Berlin 2006.

3 Vgl. unter anderem Monika Elsner / Hans Ulrich Gumbrecht / Thomas Müller / Peter M. Spangenberg, Zur Kulturgeschichte der Medien, in: Merten, Wirklichkeit der Medien, S. 163–187.

4 Zur »Gatekeeper-Funktion« von Journalisten vgl. David M. White, The Gate-
keeper. A Case Study in the Selection of News, in: Journalism Quarterly 27
(1950), S. 383–390 und Warren Breed, Soziale Kontrolle in der Redaktion. Eine
funktionale Analyse, in: Jörg Aufermann u.a. (Hg.), Gesellschaftliche Kommunikation und Information. Forschungsrichtungen und Problemstellungen, Bd. 1,
Frankfurt/M. 1955, S. 356–378; zu Organisationsformen und Entscheidungs-
strukturen in den Medien vgl. Siegfried Weischenberg, Journalismus als sozia-
les System, in: Merten, Wirklichkeit der Medien, S. 427–454, 435ff.

5 Bild-Zeitung, Welt, Frankfurter Allgemeine Zeitung, Süddeutsche Zeitung,
Frankfurter Rundschau, taz, Financial Times Deutschland, Handelsblatt, Spiegel und Focus.

6 ZEIT online vom 25.10.2006.

7 ZEIT online vom 26.10.2006.

8 Vgl. hierzu u.a. Hans-Bernd Brosius / Peter Eps (Hg.), Verändern Schlüssel-
ereignisse journalistische Selektionskriterien? Framing am Beispiel der Bericht-

erstattung über Anschläge gegen Ausländer und Asylanten, in: Rundfunk und Fernsehen 41 (1995), S. 512–530; Hans Mathias Kepplinger / Johanna Habermann, Ereignis-Serien. Was kann man nach spektakulären Vorfällen über die Wirklichkeit wissen? in: Claudia Mast (Hg.), Markt – Macht – Medien. Publizistik zwischen gesellschaftlicher Verantwortung und ökonomischen Zielen, Konstanz 1996, S. 261–272; sowie Mark Fishman, Crime Waves As Ideology, in: Social Problems 25 (1978), S. 531–543.

Klaus Naumann

Abwehr, Abschreckung, Distanzierung

Militär, Öffentlichkeit und Tod
in der Bundesrepublik

Um das eigentümliche Verhältnis zwischen der deutschen Öffentlichkeit, der Politik, den Streitkräften und den Militärtoten der Bundeswehr zu begreifen, ist es gut, mit einer Irritationserfahrung zu
beginnen. Warum, so ist zu fragen, ist die öffentliche und politische
Resonanz auf das vom Bundesverteidigungsminister ausgelobte
Ehrenmal, das am Bendlerblock errichtet werden soll, bisher um so
vieles geringer geblieben als dies bei der Auseinandersetzung um
die Gestaltung der Neuen Wache (gewidmet den »Opfern von Krieg
und Gewaltherrschaft«) und bei der gut zehnjährigen Debatte um
das Mahnmal für die Ermordung der europäischen Juden der Fall
gewesen ist? Ich möchte im Folgenden die These diskutieren und
anhand des zivil-militärischen Verhältnisses in der Bundesrepublik
belegen, dass in dem gegenwärtigen Phänomen nur die andere Seite jener artikulationsstarken und bekenntnisfreudigen Erinnerungs-
und Gedenkkultur zum Ausdruck kommt, die jahrelang die Medi-
en, die Öffentlichkeit und auch die Politik in Atem gehalten hat
und deren moralisierendes Erinnerungsgebot inzwischen quasi-
religiöse Züge angenommen hat.[1] Auf dieser anderen Seite hingegen herrschen Sprachlosigkeit, Distanzierung, Abwehr oder einfach
Desinteresse. Während also einerseits Erinnerungsgebote und Auf-
forderungen des Eingedenkens sich mit einer gewissen Zudring-
lichkeit häufen und obendrein mit dem Versprechen angereichert
werden, Erinnern mache frei und weise oder stifte Versöhnung,
versagt der Imperativ des Gedenkens gerade dort, wo es nicht um
die Vorvergangenheit der Republik, sondern um ihre politische
Gegenwart und um ihre »eigenen« Militärtoten geht. Insofern ver-
raten die aktuellen Vorgänge um das Ehrenmal, seine Gestaltung,

Placierung und Nutzung ebensoviel über die Grenzen und Leerstellen des öffentlichen Erinnerungs- und Gedenkdiskurses wie über die Ambivalenzen im öffentlichen Umgang mit Krieg, Gewalt und Tod.

Um diese These zu illustrieren, genügt es zunächst, auf die Unterschiedlichkeit der Problemlagen zu verweisen, die zwischen den beiden genannten Monumenten und dem geplanten Totenmal besteht. Im vorliegenden Fall geht es nicht darum, sich den Verlusten und Vorgängen einer vollendeten Vorvergangenheit zu stellen. Diese Vorvergangenheit, so könnte man den stillschweigenden Gedenkkonsens zusammenfassen, repräsentiert in ihrer Negativität alles das, was »wir« nicht sind, nicht tun, getan haben oder getan haben wollen und »nie wieder« zulassen wollen. Mit dem geplanten Totenmal am Bendlerblock wird hingegen der Blick auf ein unabgeschlossenes, offenes Geschehen gerichtet, das sich aus einer vergleichsweise normativ und politisch übersichtlichen Gegenwart in eine unübersehbare Zukunft erstreckt; eine antizipatorische Komponente, die Kritiker mit Unbehagen von einem Mahnmal »auf Vorrat« hat sprechen lassen. Welche Antwort immer auf dieses Unbehagen gefunden werden mag, auf jeden Fall wird es künftig um ein Gedenken gehen, das ohne die wohltätige Distanz eines Regime- oder Generationswechsels auskommen muss. Mehr noch, die Zumutung des soldatischen Totenmals ist umso größer, als dieses eine Bruchstelle in der Geschichte der Bundesrepublik selbst markiert. Es führt heraus aus der eigentümlichen Sekuritätslandschaft des Kalten Kriegs, die den Soldatentod nicht kannte, weil sie ihn »abschrecken« konnte, in Unübersichtlichkeiten einer präventiv und global ausgerichteten Sicherheitsarchitektur, deren »Kosten« und »Erträge« einstweilen ungewiss sind. Die Soldaten, deren Tod man dort beklagen wird, handelten, kämpften – und unterlagen im Auftrag der Republik. Daraus folgt eine weitere gravierende Differenz, die eine Bezugnahme auf die Neue Wache oder das Holocaust-Mahnmal ausschließt. Diese militärischen Toten[2] sind keine Opfer (»Victims«) in dem Sinne, dass sie unwillentlich einem fremden Geschick ausgeliefert wurden; vielmehr handelt es sich – und das wird wohl auch in Zukunft so bleiben – um Freiwillige. Darin und in ihrem Auftrag kommt eine andere, durch den Heldenkult des deutschen Nationalismus wie Nationalsozialismus hoch tabuisierte Bedeutungsschicht des Wortes Opfer zu Tragen (»Sacrifice«), die in der postheroisch imprägnierten Nachkriegsgeschichte – außer bei Lebensrettern oder anderen Nothelfern – kaum eine elaborierte Symbolisierung erfahren hat.[3]

Die bestehende Symbolisierungsnot, die der Minister gerade im ressortpolitischen Alleingang zu überspielen versucht, scheint auf den ersten Blick umso erstaunlicher, als die Nachkriegsjahrzehnte der Bonner Republik wie keine Geschichtsperiode zuvor im Banne des Massentodes gestanden hatten. Aber genau das erklärt die jetzige Verlegenheit. Ein scharfsinniger Beobachter wie Johannes Gross konnte Ende der achtziger Jahre spotten, »wenn der Staat Flagge zeigt, tut er es halbmast, seine Feiertage sind Trauertage, die Bekundungen der Staatsmänner triefen von Betroffenheiten. Seine Geschichte ist in Wahrheit die des NS-Regimes und der Gedenktage seiner Greuel.«[4] Das mag sich, was die Historisierung der »alten« Bundesrepublik betrifft, inzwischen geändert haben; was bleibt, ist jedoch ein eigentümlich gespaltenes Verhältnis zum öffentlichen Tod. Klaus Heinrich hat dafür die Deutung angeboten, die deutsche Nachkriegsgesellschaft habe sich dem »Bündnis mit den Toten« verweigert, um diese auf Abstand zu halten.[5] Dieser Gedanke stellt einen Schlüssel dar, um die eingangs formulierte Irritation zu entziffern, sowohl mit Blick auf die formulierte Erwartung wie hinsichtlich ihrer offenbar notwendig eintretenden Enttäuschung. Denn so expansiv und anspruchsvoll die gewohnten Praktiken des Totengedenkens auch sind und so sehr man mit Fug und Recht eine öffentliche Resonanz auf das militärische Totenmal erwarten durfte, das Ausbleiben eben dieser Resonanz unterstreicht, dass die Öffentlichkeit in den Toten der Vorvergangenheit nichts anderes sehen will, als »Opfer« fremden Geschicks. Heute zeigt sich hingegen, dass die Republik auf ein Bündnis mit »ihren« Toten angewiesen sein wird, wenn sie mit dem Problem fertig werden will, ihre eigenen Bürgerinnen und Bürger auf bewaffnete Auslandsmission und damit in den – möglichen – Tod zu schicken. Darauf ist eine Gesellschaft, die sich bisher in Opferkult und Opferidentifikation ergangen hat, nicht vorbereitet – und schon gar nicht, wo es um den eigenen militärischen Gewalteinsatz und dessen Folgen geht. Ich möchte daher zeigen, wie und wodurch die überkommenen Formen und Formeln des Opfergedenkens die aktuelle Rat- und Sprachlosigkeit vorbereitet haben.

Die Abwehr des Massentodes

In den sprachlichen Umschreibungen der aktuellen Militärverluste – die Rede ist von »Unfällen«, von Opfern durch »Fremdeinwirkung« oder von »einsatzbedingt ums Leben gekommenen« Soldaten – zeigen sich noch die Spuren eines Gedenkens, dem es darum zu tun ist, den Tod und die Toten auf Distanz zu halten. Die Legitimationsprobleme der zwischen Kriegsbeteiligung und Aufbauhilfe changierenden Auslandsmissionen animieren zum Verlegenheitsgriff auf jene rhetorischen Formeln, die sich in der Nachkriegszeit etabliert hatten. Damals wurde, wie Sabine Behrenbeck resümiert hat, »der Krieg zum Unglücksfall, zum tragischen Schicksal, zur Naturkatastrophe« erklärt.[6] Vormalige heroisierende Sinngebungen verwandelten sich in Mahnungen; das zuvor erwünschte und propagierte »Opfer« des soldatischen Kämpfers verschwand spurlos im passiven Opferkult. Aus Ehrung wurde Klage, Antworten verwandelten sich in Fragen.

Das Gedenken an die Kriegstoten wanderte aus der Öffentlichkeit zurück in die Schutzräume der Friedhöfe und in die Trostformeln der christlichen Metaphorik. Wo alle, irgendwie, als Leidtragende wahrgenommen wurden, setzte sich eine Kollektivierung und Anonymisierung der Kriegsopfer durch, deren Eigentümlichkeit nicht so sehr in der symbolpolitischen Aneignung des in den zwanziger und dreißiger Jahren noch als unheldisch geschmähten »Unbekannten Toten« bestand, als vielmehr in der abstrahierenden Entkonkretisierung der extrem unterschiedlichen Anlässe, Bedingungen und Dimensionen des Massentodes. So sehr man die Abkehr von positiven Sinnbehauptungen auch begrüßen mochte, diesem Totengedenken haftete etwas Beschwörendes an, das seine größte Wirksamkeit nicht allein aus der verstörenden Ratlosigkeit, sondern aus Gesten der Abwehr, des »Nie wieder« und des Rückzugs auf ein privates Eingedenken bezog. Auch dies konnte man als Bedingung eines jahrzehntelang andauernden Ausheilens tiefer Verletzungen und Verstörungen verstehen, und doch hatte diese kollektive Praxis einen ambivalenten Effekt. Denn die anonymisierende und nivellierende Opferadressierung beinhaltete nicht nur eine politische Neutralisierung, sondern auch eine Distanzierung und »Entmündigung« der Toten, die der Komplexität ihres Handelns, Erleidens oder Versagens nicht gerecht wurde und den Nachlebenden nichts übrig ließ, was sie als politische Gemeinschaft hätten

brauchen können – und sei es nur, um es zu verwerfen. Diese Art
von Entwirklichung wurde beispielhaft unterstrichen in dem Mi-
nimalkonsens des militärischen Totengedenkens, die deutschen
Soldaten seien weder Helden noch Verbrecher gewesen, sondern
pflichtergebene Opfer, eine Formel, die sich während der Bonner
Republik herausbildete, um schließlich von den Debatten um die
Rolle der Wehrmacht erschüttert zu werden.

Die bemerkenswertesten Gegenbewegungen zu dieser Abwehr-
haltung entwickelten sich in den Diskussionen um Mahn- und Gedenkstätten seit den achtziger Jahren. Ein unübersehbares Signal
gab die Aufzählung der verschiedenen Schicksals- und Opfergruppen, die Bundespräsident Richard von Weizsäcker in seiner vielzi-
tierten Rede am 8. Mai 1985 vortrug. Hier traten nun Reidentifizie-
rung, Konkretion und Zurechnung, also Differenzierungen, die
üblicherweise nur der historiographischen Vergegenwärtigung ei-
gen sind, an die Stelle des nivellierenden Eingedenkens – eine Entwicklung, die selbst vor der Neuen Wache nicht halt machte, als der
Vorsitzende des Zentralkomitees der Juden in Deutschland, Ignaz
Bubis, durchsetzen konnte, dass auch dort und über die pauschale
Zentralinschrift hinaus, ein differenzierender Text angebracht werden musste.[7] In diesen und ähnlichen Akten der Benennung schien
die bis dahin übliche Beschwörung eines anonymen Opferkollek-
tivs gebrochen zu sein. Doch man kann auch an das im Mai 2005
eingeweihte Mahnmal für die Ermordung der europäischen Juden
die skeptische Frage richten, ob hier mehr zum Ausdruck kommt
als eine suggestive und gern geteilte Gegenidentifizierung mit der
prominentesten Opfergruppe der nationalsozialistischen Verfol-
gungs- und Vernichtungspolitik.[8] Träfe dies zu, wäre die vormalige
Opfergeneralisierung durch eine selektive Opferidentifikation abgelöst und die häufig kritisierte Exkulpierung der sogenannten Er-
lebnisgeneration durch die Moralisierung der Nachgeborenen er-
setzt. Beides ließe sich als Indikator der These lesen, es gehe den
Weiterlebenden und Nachgeborenen in diesen symbolischen Gesten der Anverwandlung vor allem darum, sich die Last des Erinnerns an die irritierende Präsenz der Toten vom Leibe zu halten.

Die Abschreckung des Atomtods

Lässt sich diese Tiefenströmung der in den bundesdeutschen Ge-
denkroutinen zum Ausdruck kommenden Kollektivvorstellungen
im Verhältnis von Bürgergesellschaft, Politik und Öffentlichkeit zu
den Streitkräften wieder finden? Um diese Frage zu klären, interessieren hier nicht so sehr die demoskopischen Daten öffentlicher
Zustimmung oder Ablehnung der Streitkräfte[9] als vielmehr die wi-
dersprüchliche Struktur der unterschiedlichen Bezugnahmen auf
die Bundeswehr, die Ralf Zoll einmal als ein Verhältnis »konstanter
Ambivalenz« beschrieben hat.[10] Anders als die Reichswehr, die die
Weimarer Demokratie gleichsam vom Kaiserreich geerbt hatte, war
die Bundeswehr eine originäre Gründung der jungen Bundesrepublik. Doch die militärische Vergangenheit des Weltkriegs und der
Niederlage, der Angriffskriege und der millionenfachen Verluste
ließen das Verhältnis zu den neuen Streitkräften nicht unberührt:
»Das Gefühl der Deprivation und Gefährdung blieb an dem neuen
Militär und den neuen (Atom-) Waffen haften und verdichtete sich
an Schlüsselpunkten zu veritablen Kriegsängsten. Diese neuen Waffen und übrigens die Bundeswehr selbst wurden die Signifikate, die
Lieux de mémoire eines Krieges, der furchtbar vertraut und gleichzeitig absonderlich fremd war.«[11] Diese Spur, auf die Michael Geyer
hingewiesen hat, kann helfen, einen Zugang zu den disparaten Befunden über das öffentliche Verhältnis zu den Streitkräften zu gewinnen und Aufschluss darüber zu erhalten, wie Militär und Soldatentod wahrgenommen werden.

Seit den frühen sechziger Jahren erfreut sich die Bundeswehr
hoher Zustimmung in den öffentlichen Umfragen. Wird nach dem
Institutionenvertrauen der Deutschen gefragt, rangieren die Streitkräfte auf den obersten Rängen nach dem Bundesverfassungsge-
richt oder der Polizei – jedenfalls weit vor der Bundesregierung
oder den Parteien. Diese Zustimmungsraten kontrastieren jedoch
nachdrücklich mit dem geringen Prestigewerten, die dem Offizier
zuerkannt werden; dieser nämlich findet seinen Platz ganz am Ende
der Skala beliebter Berufe. Das hohe Ansehen, in dem die Institution steht, der er angehört, färbt offenbar nicht auf sein Berufspres-
tige ab. Und die hochgradige Akzeptanz, die die Bundeswehr ge-
nießt, schützt die Streitkräfte auch nicht vor periodisch auftretenden
Erschütterungen durch Skandale, wie umgekehrt diese Skandale die
Umfragemehrheiten nicht davon abhalten, der Bundeswehr ihr

Grundvertrauen auszusprechen. Seit den Tagen des Iller-Unglücks
und der »Schleifer von Nagold« in den Gründungsjahren der
Bundeswehr zieht sich eine Kette von publizitätsträchtigen Zwi-
schenfällen durch ihre Geschichte bis zu den jüngsten Ausbildungs-
schikanen von Coesfeld oder den Fotos der Totenköpfe, die ISAF-
Angehörige in Afghanistan gemacht haben. Doch wäre es ein Irrtum,
von einer hellwachen Medienöffentlichkeit, die auf jeden dieser Vorfälle hochsensibel reagiert, auf eine konsolidierte »strategische Kultur« oder eine stabile sicherheitspolitische Öffentlichkeit zu schließen. Jahrzehntelange Klagen der Experten geben davon Zeugnis,
dass es zur Ausbildung einer solchen intermediären Instanz zwischen Politik, Öffentlichkeit und Militär in keinem vergleichbaren
Maße gekommen ist wie in anderen westlichen Staaten. Sieht man
von Rüstungsaufträgen einmal ab, verfügt das bundesdeutsche Militär über keine Lobby. Und selbst in Regierungs- und Abgeordne-
tenkreisen, generell gesprochen in der politischen Klasse der Bundesrepublik, ist eine intime Vertrautheit mit der sicherheits- und
militärpolitischen Materie nur selten anzutreffen. Militärpolitik gilt
nicht als karriereförderlich – und die Bundestagsabgeordneten verhalten sich insofern kongruent zu ihrer Wählerschaft, die ein gerin-
ges Informationsniveau nicht daran hindert, dem Militär ihr Zu-
trauen auszusprechen. Das alles ist widersprüchlich genug, doch
das ganze Ausmaß des paradoxen Verhältnisses zu den Streitkräften wird erst dann so richtig anschaulich, wenn man zur Kenntnis
nimmt, dass die Zustimmung zu den strategischen Leitkonzepten
bundesdeutscher Landes- und Bündnisverteidigung, nämlich zu den
verschiedenen Varianten der atomaren Abschreckung, immer brü-
chig geblieben ist und während der achtziger Jahre schließlich einen Einbruch erlebte, von dem sich die Sicherheitspolitik der alten
Bundesrepublik nicht mehr erholt hat.[12] Mit anderen Worten, die
entscheidenden Mittel, mit denen die Bundeswehr bis 1990 jene
»Sicherheit produzierte«, für die ihr die Bevölkerung mehrheitlich
Dank und Vertrauen aussprach, wurden weitgehend abgelehnt.

Für die Deutung dieser sperrigen Daten gibt es keine einfache
Formel, sondern nur mehrschichtige Erklärungen.[13] Anfangs stand
die Öffentlichkeit der Bundeswehr nicht nur deshalb ablehnend
gegenüber, weil Kriegserinnerungen und Kriegsangst sie in ihrem
Bann hielt oder sie sich dem Pazifismus verschrieben hatte. Ein
Gutteil der Abneigung speiste sich aus einem »gekränkten Staats-
bürgertum« (Geyer), dem fraglich war, ob die neue provisorische

Staatlichkeit überhaupt ein Opfer wert war. Als im Übergang zu den sechziger Jahren eine größere Staatsfreundlichkeit Platz griff, schien es für das Sicherheitsempfinden gar nicht mehr auf die Bundeswehr und ihren Beitrag anzukommen, denn Stabilität und Frieden schrieb man dem amerikanischen Schutzversprechen zugute. Das nun aufkommende Vertrauen in die Bundeswehr war weniger ihrem konkreten Verteidigungsbeitrag geschuldet, als vielmehr Ausdruck einer »abstrakten Systemsicherheit« (Zoll), zu deren Komplettierung ein normaler Staat eben einer bewaffneten Macht bedurfte. Es überrascht daher nicht, dass die Vorstellungen von der Verteidigungsmöglichkeit und -fähigkeit der Bundesrepublik ebenso abstrakt blieben – doch mit der markanten Abweichung, dass sie zwischen Unkenntnis, Desinteresse und wiederholten Attacken von Atomangst oszillierten. Sichtbar wurde in dieser untergründigen Nervosität, wie dicht Systemvertrauen und Restzweifel beieinander lagen. Das änderte sich selbst dann nicht, als im Übergang zu den siebziger Jahren die NATO-Doppelstrategie des »Harmel-Berichts« (1967) die militärische Abschreckung mit politischer Entspannung zu kombinieren versprach und damit den öffentlichen Erwartungen entgegenkam. Doch wie sehr die »neue Ostpolitik« auch als Ausdruck einer neuen Ära begrüßt wurde, Vertrautheit und Vertrauen beim Publikum konnten die Feinheiten des militärpolitischen Gradualismus der gleichzeitig verabschiedeten flexibilisierten Verteidigungsstrategie (*Flexible Response*) nicht erringen.

Sicherheit während des Kalten Krieges speiste sich nicht zuletzt daraus, ob und wie man es verstand, den »Atomtod« in die Schranken zu verweisen. Das ließ sich im Glauben an die Plausibilität der Abschreckung bewerkstelligen, aber auch durch Anti-Atomproteste realisieren, deren Protagonisten noch im Dagegensein dokumentierten, dass sie – letztlich – mit der Bombe leben konnten.[14] Beides waren alternative Wege, die anhaltende Todesfurcht einzudämmen. Der interne Umgang der Bundeswehr mit den extremen Perspektiven des Verteidigungsfalls entsprach auf seine Weise dem öffentlichen Muster. Dort nämlich war vom Soldatentod gar nicht mehr die Rede – weder in den einschlägigen Dienstvorschriften noch in den Verlautbarungen ihrer Vordenker.[15] Ganz im paradoxen Denken des Abschreckungsparadigmas (»Kämpfen können, um nicht kämpfen zu müssen.«) gefangen und von den Maximen militärischpolitischer Krisenbeherrschung (»Deeskalation«) fasziniert, glaub-

te man, Tod und Töten, Sterben und Verwundung als »Nebenfol-
gen des Auftrags« (Baudissin) marginalisieren zu können. Wie beim
»Zivilschutz«, dessen desolate Lage niemals über bürokratische
Vorplanungen hinausgelangte, fiel es auch bei der Bundeswehr leich-
ter, die absehbaren Gefahren zu derealisieren als sie zu benennen.
Davon zeugte beispielsweise das Schicksal einer 1963 konzipierten
Schrift über »Seelische Krisen im Atomkrieg«, die niemals über das
Planungsstadium und die innerministeriellen Mitprüfungsverfah-
ren hinausgelangte. Die im Untertitel versprochenen »Möglichkei-
ten ihrer Meisterung« sah man als nicht erfüllt an, und die interne
Kritik bemängelte, dass der Entwurf zwischen »Verharmlosung«
und einem »blutigen Superrealismus« schwankte. Obendrein war
umstritten, ob eine solche Broschüre der Truppe bis auf Kompanie-
Ebene zuzumuten oder es vorzuziehen sei, sie nur Kommandeuren
und Truppenfachlehrern auszuhändigen.[16]

Kurzum, Angst und Tod blieben ein heikles Thema. Den »Atomtod« auf Distanz zu halten war ein allgemeines Anliegen, in dem
noch die schärfsten Opponenten sich zusammenfanden, denn im
einem waren sie sich einig: Nie wieder durfte von Deutschland ein
Krieg ausgehen. Der unausgesprochene Konsens bestand freilich
darin, dass die letzte Verantwortung für eine etwaige Katastrophe
fremden Mächten und übermächtigen Akteuren (der Sowjetunion,
den Vereinigten Staaten, dem Wettrüsten oder den Herrschenden)
zugeschrieben wurde. Ist das alles mit dem Ende der Blockkonfrontation verschwunden?

Risiken und Gefahren auf Distanz halten

In dem vorsichtigen und zugleich zögerlichen, defensiven und
zugleich taktierenden Verhalten, das alle Bundesregierungen nach
1990 in Fragen der Auslandseinsätze an den Tag gelegt haben, mag
man viele positive Momente entdecken, doch spiegelt sich darin
auch jene überkommene Haltung der vergangenen Ära wieder, die
eigenen Entscheidungen hinter Bündnisverpflichtungen und internationalen Erwartungen zu verstecken, denen man sich »nicht entziehen« könne. Indessen stellt sich das Verantwortungsproblem im
Sinne von Entscheidungssouveränität inzwischen viel direkter als
während des Kalten Kriegs, als die Bundesrepublik das letzte Glied

in der Entscheidungskette über die Schlüsselfreigabe von Waffeneinsätzen gewesen war. Heute werden *Wars of Choice* geführt, und die Regierungskunst besteht darin, sie als *Wars of Necessity* so plausibel zu machen, dass militärische Verluste (abgesehen von allem anderen) legitimierbar erscheinen. Das ist nicht einfach, denn »privates Leid für das öffentliche Wohl zu akzeptieren, ist heute weniger verbreitet und schwieriger als in der Vergangenheit.«[17] Insofern ist die Zögerlichkeit der Bundesregierung erklärlich, sie führt jedoch in eine Sackgasse. Die Nicht-Debatte über das geplante Totenmal stellt dabei nur die derzeit letzte Station dar.

An den Begründungen von Einsätzen, den bisherigen Trauerzeremonien, bei denen der Einsatzverluste der Bundeswehr gedacht wurde, und am laufenden Verfahren in Sachen Totenmal lässt sich das paradoxe Schauspiel beobachten, wie Ministerium und Politik einer Remilitarisierung wider Willen Vorschub leisten, indem sie – angstgeleitet und daher gleichsam kontraphobisch – im Banne des vergangenen oder phantasierten Massentodes verharren und dabei das Bündnis mit den Militärtoten dieser Republik ausschlagen, denen vorgeblich ihre höchste Sorge gilt.

Obwohl die Öffentlichkeit – bisher – ausgesprochen verständnisvoll und wenig alarmiert auf die bisherigen Auslandsmissionen und die – wenigen – Einsatztoten reagierte, zögert jede Bundesregierung, die bestehenden und eher noch zunehmenden Risiken zu benennen und lässt sich in ihren militärischen Optionen von einer unausgesprochenen Furcht von Verlusten leiten. Das ist nicht so vernünftig, moralisch und weitblickend, wie es den Anschein hat, sondern birgt auch Tücken. Sie zeigten sich in dem starren Votum für die Luftkriegführung im Kosovo, in der riskanten Terminierung des kurzatmigen Kongo-Einsatzes oder in der Fixierung der deutschen ISAF-Beteiligung auf die vergleichsweise konfliktarme Nordregion. Eine ähnliche Angst vor der Öffentlichkeit schlug sich in den bisherigen Trauerzeremonien nieder.[18] Bis auf einen Ausnahmefall waren alle an die militärische Binnenöffentlichkeit adressiert oder blieben auf den privaten Raum begrenzt. Die legitimatorischen Anstrengungen, die in den dort gehaltenen Ansprachen unternommen wurden, zeigten ein eigenartiges Muster, das zwischen der Anrufung übernationaler humanitärer Werte und der Bekräftigung zeitloser Soldatentugenden changierte.[19] Nichts daran ist *per se* verwerflich, aber auffällig bleibt, wie wenig (und konturarm) von den speziellen nationalen Zielen oder Zwecken die Rede war, die die deutsche Politik da oder dorthin geführt haben und – trotz Verlusten – auch bleiben lassen. Verschmäht wurden damit nicht nur Legitimationsressourcen, die ihre Stabilität und Bindekraft allemal dem lebensweltlichen Nah- und Erfahrungsbereich von Wir-Gruppen verdanken; gefördert wurde auch ein fragwürdiger Effekt, der darin bestand, dass das »Nationale« vornehmlich in der Verkleidung traditioneller Pflichtwerte auftrat, während die politischen Zwecksetzungen des Dienstherren sich in das farblose Gewand kosmopolitischer Bekenntnisse hüllte. Eine »demilitarisierte« und »postheroische« Gesellschaft und Politik, die für die existenziellen Konsequenzen ihrer eigenen Sicherheitsbedürfnisse kaum noch eine angemessene Sprache oder verbindliche Riten zur Verfügung hat, weil sie vollends damit beschäftigt ist, den Tod – die ultimative Herausforderung personaler Sicherheit – auf Distanz zu halten, stieß im Mikrokosmos der Trauerfeiern auf »remilitarisierte« Streitkräfte, deren traditionelles Wertesystem offenbar die stabilste Legitimationsquelle für die Rechtfertigung existentieller Verluste zur Verfügung stellt.[20]

Den Weg in diese Sackgasse ist der Verteidigungsminister mit der ressortpolitischen Engführung des Totenmal-Projekts einen Schritt weiter gegangen. Er befindet sich dabei in Begleitung einer Politik, die die heiklen Probleme deutscher Sicherheitspolitik am liebsten aus der Öffentlichkeit heraushalten würde, indem sie die große sicherheitspolitische Debatte, die sie selbst immer wieder fordert, gar nicht erst riskiert. Die gefürchtete Öffentlichkeit dagegen schweigt, doch ihr Schweigen spricht eine ambivalente Sprache, die nicht mit gesunder Skepsis (die es auch gibt) gleichzusetzen ist, sondern die ein Verharren artikuliert, das bis in die Lähmungen und Distanzierungen der Nachkriegsära zurückreicht. Die Kriege von heute und morgen und ihre Toten erinnern immer noch an jenen Krieg und seine furchtbaren Folgen, die man glaubte, längst hinter sich gelassen zu haben.[21] Ein Bündnis mit den Militärtoten dieser Republik zu schmieden, das ihnen Anerkennung zollt, dem Bürger seine Meinung lässt und eine gemeinsame Verpflichtung beider unterstreicht, ist nicht ohne weiteres zu haben.

Anmerkungen

1 Vgl. Ulrike Jureit, Vom Zwang zu erinnern, in: Merkur 694, 2/2007, S. 158–163.

2 Ich lasse hier die Frage beiseite, ob zugleich auch der deutschen Ziviltoten der Einsätze gedacht werden sollte. Vgl. Klaus Naumann, Große Geste, kleine Öffnung. Zur Debatte um das Soldaten-Ehrenmal des Bundesverteidigungsministeriums, in: <http://www.zeitgeschichte-online.de/portals/_rainbow/documents/pdf/naumann_bwe.pdf>

3 Vgl. Herfried Münkler / Karsten Fischer, »Nothing to kill or die for…«. Überlegungen zu einer politischen Theorie des Opfers, in: Leviathan 3 (2000), S. 343–362.

4 Johannes Gross, Phönix in Asche. Kapitel zum westdeutschen Stil, Stuttgart 1989, S. 12.

5 Vgl. Klaus Heinrich, Wir und der Tod. Ursprungskult oder Bündnisdenken. Über die Mitbestimmung der Toten, in: Lettre international 72 (2006), S. 100–103.

6 Vgl. auch zum Folgenden Sabine Behrenbeck, Heldenkult oder Friedensmahnung? Kriegerdenkmale nach beiden Weltkriegen, in: Gottfried Niedhart / Dieter Riesenberger (Hg.), Lernen aus dem Krieg? Deutsche Nachkriegszeiten 1918 und 1945, München 1992, S. 344–364, hier S. 361.

7 Vgl. Peter Reichel, Politik mit der Erinnerung. Gedächtnisorte im Streit um die nationalsozialistische Vergangenheit, München 1995, S. 231ff.

8 Vgl. Ulrike Jureit, Generationen als Erinnerungsgemeinschaften. Das »Denkmal für die ermordeten Juden Europas« als Generationsobjekt, in: Dies. / Michael Wildt (Hg.), Generationen. Zur Relevanz eines wissenschaftlichen Grundbegriffs, Hamburg 2005, S. 244–265.

9 Vgl. den Beitrag von Thomas Bulmahn in diesem Band.

10 Ralf Zoll, Militär und Gesellschaft in der Bundesrepublik – Zum Problem der Legitimität von Streitkräften, in: Ders. (Hg.), Wie integriert ist die Bundeswehr? Zum Verhältnis von Militär und Gesellschaft in der Bundesrepublik, München 1979, S. 41–76, hier S. 49.

11 Michael Geyer, Der Kalte Krieg, die Deutschen und die Angst. Die westdeutsche Opposition gegen Wiederbewaffnung und Kernwaffen, in: Klaus Naumann (Hg.), Nachkrieg in Deutschland. Hamburg 2001, S. 267–318, hier S. 317.

12 Vgl. Klaus Naumann, Machtasymmetrie und Sicherheitsdilemma. Ein Rückblick auf die Bundeswehr des Kalten Kriegs, in: Mittelweg 36,6 (2005), S. 13–28.

13 Weiterführend vgl. Geyer, Der Kalte Krieg; Ralf Zoll, Sicherheitspolitik und öffentliche Meinung in der Bundesrepublik. Erkenntnisse aus empirischen Studien, in: Zoll, Wie integriert, S. 166–182; Wolfgang R. Vogt (Hg.), Sicherheitspolitik und Streitkräfte in der Legitimationskrise, Baden-Baden 1983; Wilfried von Bredow, Militär und Demokratie in Deutschland. Eine Einführung, Wiesbaden 2008.

14 Vgl. Holger Nehring, Politics of Security. The British and West German Protests against Nuclear Weapons and the Social History of the Cold War. Diss. Oxford 2006, S. 265 (die Buchfassung erscheint Ende 2008 in der Oxford University Press).

15 Vgl. Manfred Hettling, Gefallenengedenken – aber wie? Das angekündigte »Eh-

renmal« für Bundeswehrsoldaten sollte ihren demokratischen Auftrag darstellen, in: Vorgänge 1 (2007), S. 15–22.

16 Vgl. Bundesarchiv-Militärarchiv BW 1/313474: Schriftenreihe »Innere Führung«, H. 9: »Seelische Krisen im Atomkrieg«.

17 Hugh Smith, What Costs Will Democracies Bear? A Review of Popular Theories of Casualty Aversion, in: Armed Forces and Society (AFS) 31,4 (2005), S. 487–512, hier S. 495 und 503.

18 Vgl. Zum Folgenden v.a. Gerhard Kümmel / Nina Leonhard, Death, the Military and Society. Casualties and Civil-Military Relations in Germany. SOWI-Arbeitspapier 140, Strausberg 2005, S. 35f. (auch in: AFS, 4/2005, S. 513–536).

19 Vgl. den Beitrag von Wolfgang Schmidt in diesem Band.

20 Zu dieser These vgl. Karl Haltiner, Die Demilitarisierung der europäischen Gesellschaften und die Remilitarisierung ihrer Streitkräfte, in: Thomas Jäger u.a. (Hg.), Sicherheit und Freiheit. Außenpolitische, innenpolitische und ideengeschichtliche Perspektive, Baden-Baden 2004, S. 226–241.

21 Vgl. Klaus Naumann, Das nervöse Jahrzehnt. Krieg, Medien und Erinnerung am Beginn der Berliner Republik, in: Mittelweg 36,3 (2001), S. 25–44.

Bildnachweis

Beitrag »Pavillion der Erinnerung« von Heinrich Wefing:

Abb. 1: Foto Lepkowski Studios, Berlin.
Abb 2: Zeichnungen Prof. Meck, mit freundlicher Genehmigung des BMVg.

Beitrag »In einer stillen Straße...« von Günter Schlusche:

Abb. 1: Plan Prof. Andreas Meck, mit freundlicher Genehmigung des BMVg.
Abb. 2: Rene Leitgen, BMVg.

Beitrag » Sind demokratische Werte monumental repräsentierbar?« von Hans-Ernst Mittig:

Abb. 1: Kartenedition Pawlowski.
Abb. 2: Cedon MuseumShops GmbH, Foto Jürgen Hohmuth.
Abb. 3–6: Hans-Ernst Mittig.
Abb. 7: Berlin, Senatsverwaltung für Wissenschaft, Forschung und Kultur.

Autorinnen und Autoren

Thomas Bulmahn, Dr., Projektleiter am Sozialwissenschaftlichen Institut der Bundeswehr, Strausberg.

Angelika Dörfler-Dierken, apl. Prof. Dr., Projektleiterin am Sozialwissenschaftlichen Institut der Bundeswehr, Strausberg.

Jörg Echternkamp, Dr., Projektleiter am Militärgeschichtlichen Forschungsamt, Potsdam.

Stefanie Endlich, apl. Prof. Dr., Publizistin, Lehrbeauftragte an der Universität der Künste, Berlin.

Thomas R. Elßner, PD Dr., Pastoralreferent am Zentrum Innere Führung, Koblenz.

Manfred Hettling, Prof. Dr., Professor für Neuere und Neueste Geschichte an der Martin-Luther-Universität Halle-Wittenberg, Halle/Saale.

Wolfgang Kruse, apl. Prof. Dr., Arbeitsbereich Neuere Deutsche und Europäische Geschichte, FernUniversität Hagen.

Hans-Ernst Mittig, Prof. a.D. Dr., Hochschule der Künste Berlin.

Herfried Münkler, Prof. Dr., Professor für Theorie der Politik am Institut für Sozialwissenschaften der Humboldt Universität zu Berlin.

Klaus Naumann, Dr., Wissenschaftlicher Mitarbeiter am Hamburger Institut für Sozialforschung.

Günter Schlusche, Dr. Ing., Stadtplaner und Architekt, Berlin.

Wolfgang Schmidt, Oberstleutnant, Dr., Leiter Dozentur Militärgeschichte, Führungsakademie der Bundeswehr, Hamburg.

Heinrich Wefing, Dr., Die Zeit, Hamburg, Politische Redaktion.